Dom Juan
ou
le Festin de Pierre

Première de couverture : © Nathalie Hervieux.
Deuxième de couverture : [h, g] © Pierre Grosbois ; [h, d] © Pascal Victor / Artcomart ; [b] © Pascal Victor / Artcomart.
Troisième de couverture : [h] © Cosimo Mirco Magliocca ; [b, g] © Marc Enguerand ; [b, d] © Franck Beloncle.
Pages 8, 32, 113 : © Roger-Viollet.
Page 78 : © Costa / Leemage.
Page 100 : © BnF.
Page 122 : © MP / Leemage.
Page 138 : © Costa / Leemage.

Cahier photos :
P. I : [h] © Pascal Victor / Artcomart ; [b, g] © Agathe Poupeney / Divergence ; [b, d] © Agathe Poupeney / Divergence.
P. II : [h, g] © Pascal Victor / Artcomart ; [h, d] © Franck Beloncle ; [b] © Cosimo Mirco Magliocca.
P. III : [h] © Pascal Victor / Artcomart ; [b, g] © Gusman / Leemage ; [b, d] © Laurencine Lot.
P. IV : [h, g] © Gusman / Leemage ; [h, d] © Prod DB © Gaumont / D.R. ; [b] © Vincent Pontet / WikiSpectacle.

© Éditions Gallimard, 1971 et 1973 pour le texte établi par Georges Couton.
© Éditions Belin/Éditions Gallimard, 2014 pour l'introduction, les notes et le dossier pédagogique.
170 bis, boulevard du Montparnasse, 75680 Paris cedex 14

Le code de la propriété intellectuelle n'autorise que « les copies ou reproductions strictement réservées à l'usage privé du copiste et non destinées à une utilisation collective » [article L. 122-5] ; il autorise également les courtes citations effectuées dans un but d'exemple ou d'illustration. En revanche « toute représentation ou reproduction intégrale ou partielle, sans le consentement de l'auteur ou de ses ayants droit ou ayants cause, est illicite » [article L. 122-4].
La loi 95-4 du 3 janvier 1994 a confié au C.F.C. (Centre français de l'exploitation du droit de copie, 20, rue des Grands-Augustins, 75006 Paris), l'exclusivité de la gestion du droit de reprographie. Toute photocopie d'œuvres protégées, exécutée sans son accord préalable, constitue une contrefaçon sanctionnée par les articles 425 et suivants du Code pénal.

ISBN 978-2-7011-8341-1
ISSN 2104-9610

CLASSICOLYCÉE

Dom Juan
ou
le Festin de Pierre

MOLIÈRE

Dossier par Justine Francioli
Agrégée de lettres modernes

BELIN ■ **GALLIMARD**

Sommaire

Pour entrer dans l'œuvre	6
Acte I	11
Arrêt sur lecture 1	27
Acte II	33
Arrêt sur lecture 2	55
Acte III	61
Arrêt sur lecture 3	80
Acte IV	85
Acte V	103
Arrêt sur lecture 4	115

Le tour de l'œuvre en 10 fiches

Fiche 1.	Molière en 17 dates	122
Fiche 2.	L'œuvre dans son contexte	123
Fiche 3.	La structure de l'œuvre	124
Fiche 4.	Les grands thèmes de l'œuvre	129
Fiche 5.	Une comédie difficile à classer	132
Fiche 6.	Une pièce baroque en plein classicisme	134
Fiche 7.	L'histoire du texte	136
Fiche 8.	Les réécritures du mythe de Don Juan	137
Fiche 9.	Le texte de *Dom Juan* et ses représentations	139
Fiche 10.	Citations	141

Groupements de textes

Groupement 1.	Réécritures de la mort de Don Juan	144
Groupement 2.	Le libertinage au XVIIe siècle	156
→ Questions sur les groupements de textes		164

Vers l'écrit du Bac

Sujet.	Le surnaturel au théâtre	165
→ Questions sur le corpus et travaux d'écriture		176

Fenêtres sur... 177

Des ouvrages à lire, des mises en scène et des films à voir, des œuvres d'art à découvrir et des sites Internet à consulter

Glossaire 180

Pour entrer dans l'œuvre

Au XVIIe siècle, le nom de Dom Juan n'évoquait rien de particulier dans l'esprit des spectateurs. Aujourd'hui, c'est une célébrité littéraire. La pièce de Molière est très régulièrement jouée au théâtre et de nombreux auteurs de toutes nationalités ont proposé des réécritures de son histoire. Pour autant, sait-on mieux qui est Dom Juan ?

Le personnage de Molière est d'abord un séducteur sans scrupule qui conquiert les femmes comme d'autres font la guerre, en habile stratège. Tous les moyens sont bons pourvu qu'il obtienne les faveurs de celles qu'il convoite : il flatte, promet le mariage, épouse s'il le faut ! La noble et digne Elvire, la paysanne Charlotte, sa voisine Mathurine, toutes succombent à son charme. Une fois sûr de sa victoire, Dom Juan se lasse vite et part à la conquête d'une autre beauté. Pourquoi être fidèle alors qu'il y a tant de belles femmes dans le monde ? explique-t-il à son valet Sganarelle.

Mais le Dom Juan de Molière est aussi un provocateur irrespectueux de la religion. Il se moque de l'engagement chrétien du mariage, il met au défi un pauvre de blasphémer en échange d'une pièce d'or, il n'écoute pas ceux qui le mettent en garde contre le châtiment de Dieu. La seule chose à laquelle il croit, c'est « que deux et deux sont quatre [...] et que quatre et quatre sont huit ». Cependant, comble de l'impiété, il est prêt à jouer l'hypocrite religieux si cela sert ses intérêts.

Comment expliquer ce comportement ? Chaque époque a donné son interprétation du personnage à travers des réécritures. Dom Juan, personnage ambigu, est devenu un mythe et ces réécritures ont à leur tour influencé les mises en scène de la pièce de Molière. Ce foisonnement d'œuvres, d'interprétations et de représentations est révélateur de la fascination qu'exerce le personnage de Dom Juan sur les lecteurs et sur les spectateurs. Nous réprouvons sa conduite, mais il nous séduit. Son comportement nous indigne, mais son sens du défi et de la transgression force l'admiration.

Malgré le châtiment final du personnage, ce pouvoir de fascination et l'ambiguïté morale de la pièce expliquent les critiques que certains contemporains de Molière ont formulées contre elle. Cela explique aussi certainement les difficultés de publication du texte. En effet, il a fallu attendre plusieurs années après la mort de Molière pour qu'il soit publié, et seulement dans des versions censurées ou imprécises.

Véritable défi pour les metteurs en scène, l'intrigue de *Dom Juan* mêle tragique et comique et fait surgir des phénomènes surnaturels – une statue qui bouge et qui parle, un fantôme qui se métamorphose, le sol qui s'ouvre sur les feux de l'Enfer –, faisant de la pièce une source non seulement de réflexion, mais aussi d'émerveillement pour les spectateurs.

Illustration pour *Dom Juan*,
d'après Pierre Brissart, gravure, XVIIe siècle.

Personnages

Dom[1] Juan, *fils de Dom Louis.*
Sganarelle, *valet de Dom Juan.*
Elvire, *femme de Dom Juan.*
Gusman, *écuyer[2] d'Elvire.*
Dom Carlos, ⎱ *frères d'Elvire.*
Dom Alonse, ⎰
Dom Louis, *père de Dom Juan.*
Francisque[3], *pauvre.*
Charlotte, ⎱ *paysannes.*
Mathurine, ⎰
Pierrot, *paysan.*
La Statue du Commandeur[4].
La Violette, ⎱ *laquais de Dom Juan.*
Ragotin, ⎰
M. Dimanche, *marchand.*
La Ramée, *spadassin[5].*
Suite[6] de Dom Juan.
Suite de Dom Carlos et de Dom Alonse, *frères.*
Un Spectre[7].

La scène est en Sicile.

---

1. Dom: titre de noblesse espagnol ajouté avant le prénom. Le nom Dom Juan est orthographié ainsi lorsqu'il désigne le personnage de Molière et Don Juan lorsqu'il s'agit d'une autre œuvre.
2. Écuyer: personne au service d'un noble.
3. Francisque: prénom qui rappelle celui de saint François d'Assise (XIIIe s.), moine fondateur de l'ordre religieux des Franciscains, qui prône la pauvreté absolue.
4. Commandeur: chevalier appartenant à une communauté religieuse et militaire.
5. Spadassin: homme d'épée dont on louait les services.
6. Suite: ensemble des domestiques et des proches.
7. Spectre: apparition d'un mort, fantôme.

NOTE SUR L'ÉDITION

Il existe plusieurs versions du texte de *Dom Juan*, qui n'a jamais été publié du vivant de Molière (voir p. 136).
Le texte que nous reproduisons ici est celui établi par Georges Couton dans l'édition de la Bibliothèque de la Pléiade parue chez Gallimard en 1971. Il reprend pour texte de base l'édition non-cartonnée de 1682, auquel il ajoute des passages de l'édition hollandaise de 1683.
Nous signalons par des crochets et par des notes de bas de page certaines variantes du texte.
Pour les scènes 1 et 2 de l'acte II, l'orthographe a été modernisée.

ACTE I[1]

Scène 1
SGANARELLE, GUSMAN

SGANARELLE, *tenant une tabatière*. – Quoi que puisse dire Aristote[2] et toute la Philosophie, il n'est rien d'égal au tabac : c'est la passion des honnêtes gens, et qui vit sans tabac n'est pas digne de vivre. Non seulement il réjouit et purge[3] les cerveaux humains, mais encore il instruit les âmes à la vertu[4], et l'on apprend avec lui à devenir honnête homme[5]. Ne voyez-vous pas bien, dès qu'on en prend, de quelle manière obligeante on en use[6] avec tout le monde, et comme on est ravi d'en donner à droit et à gauche, partout où l'on se trouve ? On n'attend pas même qu'on en demande, et l'on court au-devant du souhait des gens : tant il est vrai que le tabac inspire

---

1. Les décors ne sont pas indiqués dans les éditions posthumes de la pièce, mais on connaît ceux qui étaient prévus pour la première représentation de 1665 grâce à un contrat passé par Molière et sa troupe avec deux peintres. Le décor de l'acte I y est décrit de la façon suivante : « Un palais au travers duquel on voit un jardin ».
2. Aristote (IVe siècle av. J.-C.) : philosophe grec dont la morale est fondée sur la modération. Il est très peu probable qu'il ait pu parler du tabac qui n'a été importé en Europe qu'à la fin du XVIe siècle. Au XVIIe siècle, le pape et le parti des dévots (voir fiche 2, p. 123) condamnaient l'usage du tabac.
3. Purge : dégage, purifie. Sganarelle évoque ici le tabac à priser, râpé très fin, qu'on aspire par les narines.
4. Il instruit les âmes à la vertu : il incite les hommes à faire le bien.
5. Honnête homme : homme cultivé, sociable, modeste et modéré. Il s'agit d'un modèle de comportement idéal au XVIIe siècle.
6. De quelle manière obligeante on en use : avec quelle amabilité on se comporte.

des sentiments d'honneur et de vertu à tous ceux qui en prennent. Mais c'est assez de cette matière. Reprenons un peu notre discours. Si bien donc, cher Gusman, que Done[1] Elvire, ta maîtresse, surprise de notre départ, s'est mise en campagne après nous[2], et son cœur, que mon maître a su toucher trop fortement, n'a pu vivre, dis-tu, sans le venir chercher ici. Veux-tu qu'entre nous je te dise ma pensée ? J'ai peur qu'elle ne soit mal payée de son amour, que son voyage en cette ville produise peu de fruit, et que vous eussiez autant gagné à ne bouger de là.

GUSMAN. – Et la raison encore ? Dis-moi, je te prie, Sganarelle, qui[3] peut t'inspirer une peur d'un si mauvais augure[4] ? Ton maître t'a-t-il ouvert son cœur là-dessus, et t'a-t-il dit qu'il eût pour nous quelque froideur qui l'ait obligé à partir ?

SGANARELLE. – Non pas ; mais, à vue de pays[5], je connais à peu près le train des choses[6] ; et sans qu'il m'ait encore rien dit, je gagerais[7] presque que l'affaire va là. Je pourrais peut-être me tromper ; mais enfin, sur de tels sujets, l'expérience m'a pu donner quelques lumières.

GUSMAN. – Quoi ? ce départ si peu prévu serait une infidélité de Dom Juan ? Il pourrait faire cette injure aux chastes feux[8] de Done Elvire ?

SGANARELLE. – Non, c'est qu'il est jeune encore, et qu'il n'a pas le courage…

GUSMAN. – Un homme de sa qualité[9] ferait une action si lâche ?

---

1. **Done** : francisation du titre de noblesse féminin « doña » en espagnol.
2. **S'est mise en campagne après nous** : est partie à notre poursuite.
3. **Qui** : ce qui.
4. **Augure** : présage, pressentiment.
5. **À vue de pays** : *a priori*, à première vue.
6. **Train des choses** : enchaînement des événements.
7. **Je gagerais** : je parierais.
8. **Chastes feux** : pur amour.
9. **De sa qualité** : d'un rang aussi élevé, d'une si haute naissance (Dom Juan est noble).

Sganarelle. – Eh oui, sa qualité ! La raison en est belle, et c'est par là qu'il s'empêcherait des choses.

Gusman. – Mais les saints nœuds du mariage le tiennent engagé.

Sganarelle. – Eh ! mon pauvre Gusman, mon ami, tu ne sais pas encore, crois-moi, quel homme est Dom Juan.

Gusman. – Je ne sais pas, de vrai, quel homme il peut être, s'il faut qu'il nous ait fait cette perfidie[1] ; et je ne comprends point comme après tant d'amour et tant d'impatience témoignée, tant d'hommages pressants, de vœux, de soupirs et de larmes, tant de lettres passionnées, de protestations ardentes[2] et de serments réitérés[3], tant de transports[4] enfin et tant d'emportements qu'il a fait paraître, jusques à forcer, dans sa passion, l'obstacle sacré d'un couvent, pour mettre Done Elvire en sa puissance[5], je ne comprends pas, dis-je, comme, après tout cela, il aurait le cœur de pouvoir manquer à sa parole.

Sganarelle. – Je n'ai pas grande peine à le comprendre, moi ; et si tu connaissais le pèlerin[6], tu trouverais la chose assez facile pour lui. Je ne dis pas qu'il ait changé de sentiments pour Done Elvire, je n'en ai point de certitude encore : tu sais que, par son ordre, je partis avant lui, et depuis son arrivée il ne m'a point entretenu[7] ; mais, par précaution, je t'apprends, *inter nos*[8], que tu vois en Dom Juan, mon maître, le plus grand scélérat[9] que la terre ait jamais porté, un enragé, un chien, un Diable, un Turc[10], un Hérétique[11], qui ne croit ni Ciel, ni saint, ni Dieu, ni loup-garou, qui passe cette vie en véritable

---

1. **Perfidie** : tromperie.
2. **Protestations ardentes** : déclarations passionnées, fougueuses.
3. **Réitérés** : répétés.
4. **Transports** : manifestations vives d'un sentiment.
5. **En sa puissance** : sous son emprise, en son pouvoir.
6. **Le pèlerin** : cet homme rusé, adroit (figuré).
7. **Entretenu** : parlé.
8. ***Inter nos*** : en latin, « entre nous ».
9. **Scélérat** : criminel.
10. **Turc** : ici, musulman (par opposition aux catholiques).
11. **Hérétique** : personne qui soutient une opinion condamnée par l'Église catholique.

Dom Juan

bête brute, en pourceau d'Épicure[1], en vrai Sardanapale[2], qui ferme l'oreille à toutes les remontrances[3] chrétiennes qu'on lui peut faire, et traite de billevesées[4] tout ce que nous croyons. Tu me dis qu'il a épousé ta maîtresse : crois qu'il aurait plus fait pour contenter sa passion, et qu'avec elle il aurait encore épousé toi, son chien et son chat. Un mariage ne lui coûte rien à contracter ; il ne se sert point d'autres pièges pour attraper les belles, et c'est un épouseur à toutes mains[5]. Dame, damoiselle[6], bourgeoise, paysanne, il ne trouve rien de trop chaud ni de trop froid pour lui ; et si je te disais le nom de toutes celles qu'il a épousées en divers lieux, ce serait un chapitre à durer jusques au soir. Tu demeures surpris et changes de couleur à ce discours ; ce n'est là qu'une ébauche du personnage, et pour en achever le portrait, il faudrait bien d'autres coups de pinceau. Suffit qu'il faut que le courroux[7] du Ciel l'accable quelque jour ; qu'il me vaudrait bien mieux d'être au diable que d'être à lui, et qu'il me fait voir tant d'horreurs, que je souhaiterais qu'il fût déjà je ne sais où[8]. Mais un grand seigneur méchant homme est une terrible chose ; il faut que je lui sois fidèle, en dépit que j'en aie[9] : la crainte en moi fait l'office du zèle[10], bride[11] mes sentiments, et me réduit d'applaudir bien souvent à ce que mon âme déteste. Le voilà qui vient se promener dans ce palais : séparons-nous ; écoute, au moins

---

1. Pourceau : cochon ; **Épicure** (IVe-IIIe s. av. J.-C.) : philosophe grec dont la morale, fondée sur la recherche du plaisir, était interprétée au XVIIe siècle comme une incitation à la débauche. L'expression « pourceau d'Épicure » est issue d'un texte d'Horace (poète latin du Ier s. av. J.-C.).
2. Sardanapale (VIIe s. av. J.-C.) : roi d'Assyrie réputé pour avoir mené une vie dominée par la recherche des plaisirs.
3. Remontrances : réprimandes, blâmes.
4. Billevesées : idioties, bêtises.
5. Épouseur à toutes mains : homme prêt à tous les mariages.
6. Dame, damoiselle : femme ou jeune fille noble.
7. Courroux : vive colère.
8. Je ne sais où : en Enfer. Sganarelle n'ose pas prononcer ce mot.
9. En dépit que j'en aie : malgré tout.
10. Fait l'office du zèle : remplace l'application à bien servir.
11. Bride : retient.

je te fais cette confidence avec franchise, et cela m'est sorti un peu bien vite de la bouche ; mais s'il fallait qu'il en vînt quelque chose à ses oreilles, je dirais hautement que tu aurais menti.

Scène 2
Dom Juan, Sganarelle

Dom Juan. – Quel homme te parlait là ? Il a bien de l'air, ce me semble, du bon Gusman de Done Elvire.

Sganarelle. – C'est quelque chose aussi à peu près de cela.

Dom Juan. – Quoi ? c'est lui ?

Sganarelle. – Lui-même.

Dom Juan. – Et depuis quand est-il en cette ville ?

Sganarelle. – D'hier au soir.

Dom Juan. – Et quel sujet l'amène ?

Sganarelle. – Je crois que vous jugez[1] assez ce qui le peut inquiéter.

Dom Juan. – Notre départ sans doute ?

Sganarelle. – Le bon homme en est tout mortifié[2], et m'en demandait le sujet.

Dom Juan. – Et quelle réponse as-tu faite ?

Sganarelle. – Que vous ne m'en aviez rien dit.

---

1. Vous jugez : vous devinez.
2. Mortifié : blessé, vexé.

Dom Juan. – Mais encore, quelle est ta pensée là-dessus ? Que t'imagines-tu de cette affaire ?

Sganarelle. – Moi, je crois, sans vous faire tort, que vous avez quelque nouvel amour en tête.

Dom Juan. – Tu le crois ?

Sganarelle. – Oui.

Dom Juan. – Ma foi ! tu ne te trompes pas, et je dois t'avouer qu'un autre objet[1] a chassé Elvire de ma pensée.

Sganarelle. – Eh ! mon Dieu ! je sais mon Dom Juan sur le bout du doigt, et connais votre cœur pour le plus grand coureur du monde : il se plaît à se promener de liens en liens[2], et n'aime guère à demeurer en place.

Dom Juan. – Et ne trouves-tu pas, dis-moi, que j'ai raison d'en user de la sorte ?

Sganarelle. – Eh ! Monsieur.

Dom Juan. – Quoi ? Parle.

Sganarelle. – Assurément que vous avez raison, si vous le voulez ; on ne peut pas aller là contre. Mais si vous ne le vouliez pas, ce serait peut-être une autre affaire.

Dom Juan. – Eh bien ! je te donne la liberté de parler et de me dire tes sentiments.

Sganarelle. – En ce cas, Monsieur, je vous dirai franchement que je n'approuve point votre méthode, et que je trouve fort vilain d'aimer de tous côtés comme vous faites.

---

1. Objet : objet de préoccupation, c'est-à-dire une femme aimée (mot emprunté au vocabulaire précieux et qui n'a pas de nuance péjorative).
2. De liens en liens : de relation en relation.

Acte I, scène 2

DOM JUAN. – Quoi ? tu veux qu'on se lie à demeurer au premier objet qui nous prend, qu'on renonce au monde pour lui, et qu'on n'ait plus d'yeux pour personne ? La belle chose de vouloir se piquer[1] d'un faux honneur d'être fidèle, de s'ensevelir pour toujours dans une passion, et d'être mort dès sa jeunesse à toutes les autres beautés qui nous peuvent frapper les yeux ! Non, non : la constance[2] n'est bonne que pour des ridicules[3] ; toutes les belles ont droit de nous charmer[4], et l'avantage d'être rencontrée la première ne doit point dérober aux autres les justes prétentions qu'elles ont toutes sur nos cœurs. Pour moi, la beauté me ravit partout où je la trouve, et je cède facilement à cette douce violence dont elle nous entraîne. J'ai beau être engagé, l'amour que j'ai pour une belle n'engage point mon âme à faire injustice aux autres ; je conserve des yeux pour voir le mérite de toutes, et rends à chacune les hommages et les tributs[5] où la nature nous oblige. Quoi qu'il en soit, je ne puis refuser mon cœur à tout ce que je vois d'aimable ; et dès qu'un beau visage me le demande, si j'en avais dix mille, je les donnerais tous. Les inclinations[6] naissantes, après tout, ont des charmes inexplicables, et tout le plaisir de l'amour est dans le changement. On goûte une douceur extrême à réduire[7], par cent hommages, le cœur d'une jeune beauté, à voir de jour en jour les petits progrès qu'on y fait, à combattre par des transports, par des larmes et des soupirs, l'innocente pudeur[8] d'une âme qui a peine à rendre les armes, à forcer pied à pied toutes les petites résistances qu'elle nous oppose, à vaincre les scrupules[9] dont elle se fait un honneur et la mener doucement où nous avons envie de la faire venir. Mais

---

1. Se piquer : se vanter, se glorifier.
2. Constance : fidélité.
3. Des ridicules : des personnes ridicules.
4. Charmer : ensorceler.
5. Tributs : ici, témoignages de soumission amoureuse (dans le vocabulaire militaire, le mot désigne les biens qu'un État vaincu devait payer au vainqueur).
6. Inclinations : penchants amoureux.
7. Réduire : soumettre, vaincre.
8. Pudeur : retenue, timidité, chasteté.
9. Scrupules : troubles de la conscience, réticences.

lorsqu'on en est maître une fois, il n'y a plus rien à dire ni rien à souhaiter ; tout le beau de la passion est fini, et nous nous endormons dans la tranquillité d'un tel amour, si quelque objet nouveau ne vient réveiller nos désirs, et présenter à notre cœur les charmes attrayants d'une conquête à faire. Enfin, il n'est rien de si doux que de triompher de la résistance d'une belle personne, et j'ai sur ce sujet l'ambition des conquérants, qui volent perpétuellement de victoire en victoire, et ne peuvent se résoudre à borner[1] leurs souhaits. Il n'est rien qui puisse arrêter l'impétuosité[2] de mes désirs : je me sens un cœur à aimer toute la terre ; et comme Alexandre[3], je souhaiterais qu'il y eût d'autres mondes, pour y pouvoir étendre mes conquêtes amoureuses.

SGANARELLE. – Vertu de ma vie, comme vous débitez[4] ! Il semble que vous avez appris cela par cœur, et vous parlez tout comme un livre.

DOM JUAN. – Qu'as-tu à dire là-dessus ?

SGANARELLE. – Ma foi, j'ai à dire…, je ne sais ; car vous tournez les choses d'une manière, qu'il semble que vous avez raison ; et cependant il est vrai que vous ne l'avez pas. J'avais les plus belles pensées du monde, et vos discours m'ont brouillé tout cela. Laissez faire : une autre fois je mettrai mes raisonnements par écrit, pour disputer[5] avec vous.

DOM JUAN. – Tu feras bien.

SGANARELLE. – Mais, Monsieur, cela serait-il de la permission que vous m'avez donnée, si je vous disais que je suis tant soit peu scandalisé de la vie que vous menez ?

DOM JUAN. – Comment ? quelle vie est-ce que je mène ?

---
1. Borner : limiter.
2. Impétuosité : emportement, fougue.
3. Alexandre le Grand (356-323 av. J.-C.) : roi de Macédoine qui a bâti un vaste empire en conquérant le monde grec, l'Égypte et l'Asie jusqu'à l'Inde.
4. Comme vous débitez : comme vous discourez, comme vous déclamez.
5. Disputer : débattre.

SGANARELLE. – Fort bonne. Mais, par exemple, de vous voir tous les mois vous marier comme vous faites…

DOM JUAN. – Y a-t-il rien de plus agréable ?

SGANARELLE. – Il est vrai, je conçois[1] que cela est fort agréable et fort divertissant, et je m'en accommoderais assez, moi, s'il n'y avait point de mal, mais, Monsieur, se jouer[2] ainsi d'un mystère sacré[3], et…

DOM JUAN. – Va, va, c'est une affaire entre le Ciel et moi, et nous la démêlerons bien ensemble, sans que tu t'en mettes en peine.

SGANARELLE. – Ma foi ! Monsieur, j'ai toujours ouï[4] dire que c'est une méchante raillerie[5] que de se railler du Ciel, et que les libertins[6] ne font jamais une bonne fin.

DOM JUAN. – Holà ! maître sot, vous savez que je vous ai dit que je n'aime pas les faiseurs de remontrances.

SGANARELLE. – Je ne parle pas aussi à vous, Dieu m'en garde. Vous savez ce que vous faites, vous ; et si vous ne croyez rien, vous avez vos raisons ; mais il y a de certains petits impertinents dans le monde, qui sont libertins sans savoir pourquoi, qui font les esprits forts[7], parce qu'ils croient que cela leur sied bien[8] ; et si j'avais un maître comme cela, je lui dirais fort nettement, le regardant en face : « Osez-vous bien ainsi vous jouer au Ciel, et ne tremblez-vous point de vous moquer comme vous faites des choses les plus saintes ? C'est bien

---

1. Je conçois : je comprends.
2. Se jouer : se moquer.
3. Mystère sacré : au XVIIe siècle, le mariage est un acte religieux qui engage les époux devant Dieu.
4. Ouï : entendu.
5. Méchante raillerie : moquerie immorale, blasphème.
6. Libertins : ici, personnes qui contestent les croyances religieuses (voir « Rappelez-vous ! », p. 28, et groupement de textes 2, p. 156-163).
7. Qui font les esprits forts : qui se croient au-dessus des règles religieuses (péjoratif).
8. Cela leur sied bien : cela leur va bien.

à vous, petit ver de terre, petit mirmidon[1] que vous êtes (je parle au maître que j'ai dit), c'est bien à vous à vouloir vous mêler de tourner en raillerie ce que tous les hommes révèrent[2]? Pensez-vous que pour être[3] de qualité, pour avoir une perruque blonde et bien frisée, des plumes à votre chapeau, un habit bien doré, et des rubans couleur de feu (ce n'est pas à vous que je parle, c'est à l'autre), pensez-vous, dis-je, que vous en soyez plus habile homme, que tout vous soit permis, et qu'on n'ose vous dire vos vérités? Apprenez de moi, qui suis votre valet, que le Ciel punit tôt ou tard les impies[4], qu'une méchante vie amène une méchante mort, et que… »

DOM JUAN. – Paix!

SGANARELLE. – De quoi est-il question?

DOM JUAN. – Il est question de te dire qu'une beauté me tient au cœur, et qu'entraîné par ses appas[5], je l'ai suivie jusques en cette ville.

SGANARELLE. – Et n'y craignez-vous rien, Monsieur, de la mort de ce commandeur que vous tuâtes il y a six mois?

DOM JUAN. – Et pourquoi craindre? Ne l'ai-je pas bien tué[6]?

SGANARELLE. – Fort bien, le mieux du monde, et il aurait tort de se plaindre.

DOM JUAN. – J'ai eu ma grâce[7] de cette affaire.

SGANARELLE. – Oui, mais cette grâce n'éteint pas peut-être le ressentiment[8] des parents et des amis, et…

---

1. Mirmidon: homme petit et insignifiant, voire prétentieux (le mot est tiré du nom d'un peuple mythologique, issu de la métamorphose de fourmis en hommes).
2. Révèrent: respectent.
3. Pour être: parce que vous êtes.
4. Impies: personnes qui méprisent la religion.
5. Appas: charmes, attraits physiques.
6. Bien tué: l'expression signifie à la fois « tué conformément aux règles du duel » et « bel et bien tué ».
7. J'ai eu ma grâce: j'ai été amnistié, ma condamnation a été levée.
8. Ressentiment: rancune, désir de vengeance.

Dom Juan. – Ah! n'allons point songer au mal qui nous peut arriver, et songeons seulement à ce qui nous peut donner du plaisir. La personne dont je te parle est une jeune fiancée, la plus agréable du monde, qui a été conduite ici par celui même qu'elle y vient épouser; et le hasard me fit voir ce couple d'amants[1] trois ou quatre jours avant leur voyage. Jamais je n'ai vu deux personnes être si contents l'un de l'autre, et faire éclater plus d'amour. La tendresse visible de leurs mutuelles ardeurs[2] me donna de l'émotion; j'en fus frappé au cœur et mon amour commença par la jalousie. Oui, je ne pus souffrir[3] d'abord de les voir si bien ensemble; le dépit alarma[4] mes désirs, et je me figurai un plaisir extrême à pouvoir troubler leur intelligence[5], et rompre cet attachement, dont la délicatesse de mon cœur se tenait offensée[6]; mais jusques ici tous mes efforts ont été inutiles, et j'ai recours au dernier remède. Cet époux prétendu[7] doit aujourd'hui régaler sa maîtresse d'une promenade sur mer. Sans t'en avoir rien dit, toutes choses sont préparées pour satisfaire mon amour, et j'ai une petite barque et des gens, avec quoi fort facilement je prétends enlever la belle.

Sganarelle. – Ha! Monsieur…

Dom Juan. – Hen?

Sganarelle. – C'est fort bien à vous, et vous le prenez comme il faut. Il n'est rien tel en ce monde que de se contenter[8].

Dom Juan. – Prépare-toi donc à venir avec moi, et prends soin toi-même d'apporter toutes mes armes, afin que… Ah! rencontre fâcheuse[9]. Traître, tu ne m'avais pas dit qu'elle était ici elle-même

---

1. **Amants**: amoureux (sens du XVIIe siècle).
2. **Ardeurs**: passions, désirs.
3. **Souffrir**: supporter.
4. **Dépit**: chagrin mêlé de colère, rancœur; **alarma**: excita.
5. **Intelligence**: bonne entente, complicité.
6. **Offensée**: blessée, insultée.
7. **Époux prétendu**: futur époux.
8. **Se contenter**: se faire plaisir.
9. **Fâcheuse**: déplaisante, désagréable.

SGANARELLE. – Monsieur, vous ne me l'avez pas demandé.

160 **DOM JUAN.** – Est-elle folle, de n'avoir pas changé d'habit, et de venir en ce lieu-ci avec son équipage de campagne[1] ?

Scène 3
DONE ELVIRE, DOM JUAN, SGANARELLE

DONE ELVIRE. – Me ferez-vous la grâce[2], Dom Juan, de vouloir bien me reconnaître ? et puis-je au moins espérer que vous daigniez[3] tourner le visage de ce côté ?

DOM JUAN. – Madame, je vous avoue que je suis surpris, et que je
5 ne vous attendais pas ici.

DONE ELVIRE. – Oui, je vois bien que vous ne m'y attendiez pas ; et vous êtes surpris, à la vérité, mais tout autrement que je ne l'espérais ; et la manière dont vous le paraissez me persuade pleinement ce que je refusais de croire. J'admire ma simplicité[4] et la faiblesse
10 de mon cœur à douter d'une trahison que tant d'apparences me confirmaient. J'ai été assez bonne, je le confesse[5], ou plutôt assez sotte pour me vouloir tromper moi-même, et travailler à démentir mes yeux et mon jugement[6]. J'ai cherché des raisons pour excuser à ma tendresse[7] le relâchement d'amitié qu'elle voyait en vous ; et je

---

1. **Équipage de campagne** : tenue de voyage, de cavalière, peu élégante.
2. **Grâce** : faveur, amabilité.
3. **Que vous daigniez** : que vous vouliez bien.
4. **J'admire ma simplicité** : je m'étonne de ma naïveté.
5. **Je le confesse** : ici, je le reconnais.
6. **Démentir mes yeux et mon jugement** : contredire ce que me disaient mes yeux et mon intelligence.
7. **Pour excuser à ma tendresse** : pour que mon amour excuse.

Acte I, scène 3

me suis forgé exprès cent sujets légitimes[1] d'un départ si précipité, pour vous justifier du crime dont ma raison vous accusait. Mes justes soupçons chaque jour avaient beau me parler : j'en rejetais la voix qui vous rendait criminel à mes yeux, et j'écoutais avec plaisir mille chimères[2] ridicules qui vous peignaient innocent à mon cœur. Mais enfin cet abord[3] ne me permet plus de douter, et le coup d'œil qui m'a reçue m'apprend bien plus de choses que je ne voudrais en savoir. Je serai bien aise[4] pourtant d'ouïr de votre bouche les raisons de votre départ. Parlez, Dom Juan, je vous prie, et voyons de quel air vous saurez vous justifier !

DOM JUAN. – Madame, voilà Sganarelle qui sait pourquoi je suis parti.

SGANARELLE. – Moi, Monsieur ? Je n'en sais rien, s'il vous plaît.

DONE ELVIRE. – Hé bien ! Sganarelle, parlez. Il n'importe de quelle bouche j'entende ces raisons.

DOM JUAN, *faisant signe d'approcher à Sganarelle.* – Allons, parle donc à Madame.

SGANARELLE. – Que voulez-vous que je dise ?

DONE ELVIRE. – Approchez, puisqu'on le veut ainsi, et me dites un peu les causes d'un départ si prompt[5].

DOM JUAN. – Tu ne répondras pas ?

SGANARELLE. – Je n'ai rien à répondre. Vous vous moquez de votre serviteur.

DOM JUAN. – Veux-tu répondre, te dis-je ?

SGANARELLE. – Madame…

---
1. Je me suis forgé exprès cent sujets légitimes : je me suis inventé de multiples excuses valables.
2. Chimères : illusions, inventions.
3. Abord : façon d'accueillir.
4. Bien aise : satisfaite.
5. Prompt : rapide.

Done Elvire. – Quoi ?

Sganarelle, *se retournant vers son maître*. – Monsieur…

Dom Juan. – Si…

Sganarelle. – Madame, les conquérants, Alexandre et les autres mondes sont causes de notre départ. Voilà, Monsieur, tout ce que je puis dire.

Done Elvire. – Vous plaît-il, Dom Juan, nous éclaircir ces beaux mystères ?

Dom Juan. – Madame, à vous dire la vérité…

Done Elvire. – Ah ! que vous savez mal vous défendre pour un homme de cour, et qui doit être accoutumé[1] à ces sortes de choses ! J'ai pitié de vous voir la confusion que vous avez[2]. Que ne vous armez-vous le front d'une noble effronterie[3] ? Que ne me jurez-vous que vous êtes toujours dans les mêmes sentiments pour moi, que vous m'aimez toujours avec une ardeur sans égale, et que rien n'est capable de vous détacher de moi que la mort ? Que ne me dites-vous que des affaires de la dernière conséquence[4] vous ont obligé à partir sans m'en donner avis ; qu'il faut que, malgré vous, vous demeuriez ici quelque temps, et que je n'ai qu'à m'en retourner d'où je viens, assurée que vous suivrez mes pas le plus tôt qu'il vous sera possible ; qu'il est certain que vous brûlez[5] de me rejoindre, et qu'éloigné de moi, vous souffrez ce que souffre un corps qui est séparé de son âme ? Voilà comme il faut vous défendre, et non pas être interdit[6] comme vous êtes.

---

1. **Accoutumé** : habitué.
2. **De vous voir la confusion que vous avez** : de voir l'embarras où vous êtes.
3. **Que ne vous armez-vous le front d'une noble effronterie** : pourquoi ne prenez-vous pas un air assuré et noble.
4. **De la dernière conséquence** : de la plus haute importance.
5. **Vous brûlez** : vous n'attendez que, vous êtes impatient.
6. **Interdit** : déconcerté, surpris.

Acte I, scène 3

Dom Juan. – Je vous avoue, Madame, que je n'ai point le talent de dissimuler[1], et que je porte un cœur sincère. Je ne vous dirai point que je suis toujours dans les mêmes sentiments pour vous, et que je brûle de vous rejoindre, puisque enfin il est assuré que je ne suis parti que pour vous fuir ; non point par les raisons que vous pouvez vous figurer, mais par un pur motif de conscience, et pour ne croire pas[2] qu'avec vous davantage je puisse vivre sans péché[3]. Il m'est venu des scrupules, Madame, et j'ai ouvert les yeux de l'âme sur ce que je faisais. J'ai fait réflexion que, pour vous épouser, je vous ai dérobée à la clôture d'un couvent, que vous avez rompu des vœux[4] qui vous engageaient autre part, et que le Ciel est fort jaloux[5] de ces sortes de choses. Le repentir[6] m'a pris, et j'ai craint le courroux céleste ; j'ai cru que notre mariage n'était qu'un adultère déguisé, qu'il nous attirerait quelque disgrâce[7] d'en haut, et qu'enfin je devais tâcher de vous oublier, et vous donner moyen de retourner à vos premières chaînes. Voudriez-vous, Madame, vous opposer à une si sainte pensée, et que j'allasse, en vous retenant, me mettre le Ciel sur les bras, que par… ?

Done Elvire. – Ah ! scélérat, c'est maintenant que je te connais tout entier ; et pour mon malheur, je te connais lorsqu'il n'en est plus temps, et qu'une telle connaissance ne peut plus me servir qu'à me désespérer. Mais sache que ton crime ne demeurera pas impuni, et que le même Ciel dont tu te joues me saura venger de ta perfidie.

Dom Juan. – Sganarelle, le Ciel !

Sganarelle. – Vraiment oui, nous nous moquons bien de cela, nous autres.

---

1. Dissimuler : mentir, feindre.
2. Pour ne croire pas : parce que je ne crois pas.
3. Sans péché : sans commettre une faute envers la religion.
4. Allusion aux vœux prononcés par Done Elvire à son entrée au couvent, c'est-à-dire à son engagement envers Dieu.
5. Plaisanterie irrévérencieuse sur le fait que les religieuses sont les épouses de Jésus-Christ.
6. Repentir : regret des fautes commises.
7. Disgrâce : malheur.

Dom Juan

Dom Juan. – Madame…

90 **Done Elvire.** – Il suffit. Je n'en veux pas ouïr davantage, et je m'accuse même d'en avoir trop entendu. C'est une lâcheté que de se faire expliquer trop sa honte ; et, sur de tels sujets, un noble cœur, au premier mot, doit prendre son parti[1]. N'attends pas que j'éclate ici en reproches et en injures : non, non, je n'ai point un courroux à
95 exhaler en paroles vaines[2], et toute sa chaleur[3] se réserve pour sa vengeance. Je te le dis encore, le Ciel te punira, perfide, de l'outrage[4] que tu me fais ; et si le Ciel n'a rien que tu puisses appréhender[5], appréhende du moins la colère d'une femme offensée.

Sganarelle. – Si le remords le pouvait prendre !

100 **Dom Juan,** *après une petite réflexion*. – Allons songer à l'exécution de notre entreprise[6] amoureuse.

Sganarelle. – Ah ! quel abominable maître me vois-je obligé de servir !

---

1. **Prendre son parti** : ici, se résigner.
2. **Exhaler en paroles vaines** : exprimer par des paroles inutiles.
3. **Chaleur** : ici, colère.
4. **Outrage** : offense, injure.
5. **Appréhender** : craindre.
6. **Entreprise** : projet, plan.

Arrêt sur lecture 1

Pour comprendre l'essentiel

Une exposition captivante

1 La première scène paraît conçue pour capter l'attention des spectateurs. Expliquez pourquoi.

2 Plusieurs intrigues semblent nouées à la fin de ce premier acte. Identifiez-les et formulez les questions que les spectateurs se posent.

3 Sganarelle et Elvire tentent de mettre en garde Dom Juan. Dressez la liste des arguments de chacun de ces personnages dans les scènes 2 et 3, et montrez que leurs avertissements contribuent à créer un sentiment d'attente chez les spectateurs.

Le portrait ambivalent d'un libertin

4 Ce premier acte dépeint les principaux traits de caractère de Dom Juan, qui apparaît d'abord comme un séducteur. Prouvez-le en relevant des expressions marquantes dans la tirade de Sganarelle à la scène 1 (l. 47-79) et dans celle de Dom Juan à la scène 2 (l. 39-76). Vous qualifierez aussi son attitude face à Done Elvire à la scène 3.

5 Dom Juan méprise les règles religieuses. Pour le montrer, vous vous appuierez sur la tirade de Sganarelle à la scène 1 (l. 47-79) et sur le dialogue avec Elvire à la scène 3 (l. 63-101).

Arrêt sur lecture 1

6 C'est un portrait très négatif de Dom Juan qui semble se dessiner à travers l'acte I. Toutefois, les spectateurs peuvent aussi être sous son charme. Expliquez pourquoi.

Le mélange des genres et des registres

7 Certains types de personnages appartiennent au genre de la comédie, d'autres au genre de la tragédie. Classez selon cette distinction les personnages apparus dans l'acte I.

8 Les tirades prononcées par Done Elvire à la scène 3 expriment la souffrance et l'indignation d'une femme déshonorée. Étudiez l'expression de ses sentiments et identifiez les registres utilisés.

9 La présence de Sganarelle aux côtés de Dom Juan donne une tonalité comique à cette exposition. Indiquez quel(s) type(s) de comique ce personnage introduit.

✔ Rappelez-vous !

• On appelle **exposition** la ou les premières scènes d'une pièce de théâtre, qui ont pour fonction de susciter l'intérêt du spectateur et de lui fournir les informations nécessaires à la compréhension de l'intrigue. L'acte I de *Dom Juan* expose le caractère, les convictions et le passé du personnage principal. Celui-ci est à la fois immoral et séduisant, ce qui ne peut manquer de captiver le spectateur.

• Dom Juan est un **libertin**. Ce terme a d'abord été employé au XVIIe siècle par des religieux pour désigner, de manière péjorative, les libres-penseurs qui contestaient les croyances religieuses. Le mot est ensuite devenu, dans le langage courant, synonyme de débauché ; mais **au XVIIe siècle le libertinage constitue un véritable courant de pensée** (voir groupement de textes 2, p. 156-163). Il se caractérise par une conception matérialiste du monde, par une remise en cause de l'organisation politique et sociale, et par une morale du plaisir.

Vers l'oral du Bac

Analyse de la scène 2 de l'acte I, l. 36-85, p. 16-18

> → *Montrer que cet éloge de l'infidélité dresse un portrait ambigu de Dom Juan*

🎤 Conseils pour la lecture à voix haute

– Appuyez-vous sur la ponctuation et la construction des phrases pour faire entendre l'éloquence de Dom Juan.

– N'hésitez pas à varier le ton : indigné au début, Dom Juan peut se laisser aller à un ton amoureux avant de terminer sur un ton résolu.

– Faites sentir l'évolution du ton de Sganarelle au cours du passage.

📝 Analyse du texte

■ Introduction rédigée

Les spectateurs ont d'abord imaginé Dom Juan à travers le portrait très critique qu'a brossé de lui Sganarelle dans la scène d'exposition. Mais voilà que cet homme qui méprise la religion, cet « épouseur à toutes mains » (p. 14) apparaît en chair et en os à la scène 2 de l'acte I. Quoique prévenus contre ce personnage, les spectateurs peuvent tomber sous le charme de ce séducteur dès son entrée en scène ; et si ce n'est pas le cas, son discours les captivera. En effet, l'éloge de l'infidélité qu'il prononce dresse un portrait plus ambigu du personnage que ne le laissait penser Sganarelle. Nous montrerons tout d'abord que Dom Juan élabore un éloge paradoxal car il présente comme une qualité ce qui est, en principe, considéré comme un défaut par la société. Nous étudierons ensuite les qualités d'orateur de Dom Juan avant de nous demander s'il apparaît plutôt comme un amoureux de la beauté ou comme un conquérant à l'orgueil démesuré.

Analyse guidée

I. Un éloge paradoxal de l'infidélité

a. Dans cette tirade, Dom Juan fait l'éloge d'un comportement habituellement condamné. Relevez deux phrases qui expriment la thèse soutenue par le personnage et dites à quelles valeurs il s'oppose.

b. Le protagoniste donne des visions opposées de la fidélité et de l'infidélité afin de renforcer son argumentation. Citez les expressions associées à ces deux comportements et commentez-les.

c. Dom Juan utilise aussi un vocabulaire juridique dans la première partie du texte. Identifiez-le et expliquez comment il sert l'argumentation du personnage.

II. Dom Juan, un habile orateur

a. Cette tirade est un exemple de l'éloquence de Dom Juan. Analysez les procédés oratoires qui le prouvent. Vous observerez notamment la manière dont le personnage capte l'attention de l'auditoire dès le début de la tirade et sa façon de donner à une opinion personnelle une valeur de vérité générale.

b. Les effets de rythme contribuent à persuader l'auditoire. Montrez-le en étudiant les rythmes binaires et ternaires.

c. L'éloquence de Dom Juan met Sganarelle en difficulté. Comparez l'attitude du valet au début et à la fin de la tirade.

III. Dom Juan, victime de la beauté des femmes ou conquérant sans limites ?

a. Dom Juan se présente comme victime des beautés qui l'entourent. Pour le montrer, analysez les pronoms de la première personne du singulier et le champ lexical de l'attirance.

b. Dom Juan a recours au vocabulaire militaire pour exposer sa stratégie de séduction. Repérez les différentes étapes de son plan et expliquez ce qui lui plaît dans cette entreprise. Dites quelle image du personnage donne l'emploi du vocabulaire militaire.

c. Une figure de style domine la dernière phrase de la tirade de Dom Juan. Identifiez-la et précisez quel trait de caractère elle révèle.

■ *Conclusion rédigée*

Dom Juan se révèle donc bien plus séduisant que l'homme que Sganarelle a dépeint dans la première scène de la pièce. Il sait séduire par son éloquence et, quoique, comme Sganarelle, le spectateur puisse être en désaccord avec ses propos, il fait forte impression. Ces qualités d'orateur sont un des traits particuliers du Dom Juan de Molière, cet éloge de l'inconstance amoureuse n'existant pas dans les versions antérieures de la pièce. Le personnage use à plusieurs reprises de ses talents rhétoriques au cours de l'intrigue, notamment pour séduire Charlotte, à la scène 2 de l'acte II.

Les trois questions de l'examinateur

Question 1. Il y a d'autres éloges paradoxaux dans la pièce. Lesquels ?

Question 2. (Lecture d'images) Les metteurs en scène et les réalisateurs ont donné différentes images de Dom Juan, modernisant plus ou moins le personnage. À l'aide des photographies reproduites en couverture, au verso de la couverture (en début et en fin d'ouvrage) et en page IV du cahier photos, dites quelle vision de Dom Juan vous préférez.

Question 3. À la manière de Dom Juan, de quel défaut feriez-vous l'éloge paradoxal ? Comment vous y prendriez-vous ?

Bosc et Devilliers, illustration pour *Dom Juan*, gravure, XIXe siècle.

ACTE II[1]

Scène 1[2]

CHARLOTTE, PIERROT

CHARLOTTE. – Nostre-dinse[3], Piarrot[4], tu t'es trouvé là bien à point.

PIERROT. – Parquienne[5], il ne s'en est pas falu l'époisseur d'une éplinque[6], qu'ils ne se sayant nayés[7] tous deux.

CHARLOTTE. – C'est donc le coup de vent da matin qui les avoit ranvarsés dans la mar.

PIERROT. – Aga guien[8], Charlotte, je m'en vas te conter tout fin drait[9] comme cela est venu : car, comme dit l'autre, je les ai le premier

---

1. Dans le contrat passé avec les peintres (voir note 1, p. 11), le décor prévu pour l'acte II est le suivant : « Un hameau de verdure et une grotte au travers de laquelle on voit la mer ».
2. Dans cette scène ainsi que dans les deux suivantes, Molière fait parler Pierrot et Charlotte dans un langage probablement inspiré d'un patois des environs de Paris. Nous simplifions ici la graphie de certaines formes afin de faciliter la lecture.
3. **Nostre-dinse** : juron dont la prononciation déformée atténue la portée blasphématoire, irrespectueuse de la religion (« Notre-Dame », c'est-à-dire Marie, mère de Jésus-Christ) comme tous ceux prononcés dans cette scène.
4. **Piarrot** : Pierrot. Dans toute cette scène, le son [er] est prononcé et écrit *ar* pour imiter la prononciation des paysans.
5. **Parquienne ou parquenne** : juron (« par Dieu »).
6. **Éplinque** : épingle.
7. **Qu'ils ne se sayant nayés** : qu'ils ne se soient noyés.
8. **Aga guien** : regarde, tiens.
9. **Tout fin drait** : exactement.

avisés[1], avisés le premier je les ai. Enfin donc, j'estions[2] sur le bord de la mar, moi et le gros Lucas, et je nous amusions à batifoler[3] avec des mottes de tarre que je nous jesquions[4] à la teste : car comme tu sais bian[5], le gros Lucas aime à batifoler, et moi par fouas je batifole itou[6]. En batifolant donc, pisque[7] batifoler y a, j'aparceu de tout loin queuque chose qui grouilloit dans gliau[8], et qui venoit comme envars nou par secousse. Je voyois cela fixiblement[9], et pis tout d'un coup je voyois que je ne voyois plus rien. Eh, Lucas, ç'ai-je fait[10], je pense que ula[11] des hommes qui nageant là-bas. Voire, ce m'a-t-il fait, t'as esté au trépassement[12] d'un chat, t'as la veue trouble. Pal sanquienne[13], ç'ai-je fait, je n'ai point la veue trouble, ce sont des hommes. Point du tout, ce m'a-t-il fait, t'as la barlue[14]. Veux-tu gager, ç'ai-je fait, que je n'ai point la barlue, ç'ai-je fait, et que sont deux hommes, ç'ai-je fait, qui nageant droit ici, ç'ai-je fait. Morquenne[15], ce m'a-t-il fait, je gage que non. Ô çà, ç'ai-je fait, veux-tu gager dix sols[16] que si ? Je le veux bian, ce m'a-t-il fait, et pour te montrer, vla argent su jeu[17], ce m'a-t-il fait. Moi, je n'ai point esté ni fou, ni estourdi, j'ai bravement bouté[18] à tarre quatre pièces tapées, et cinq

---

1. Avisés : vus.
2. J'estions : nous étions. Le patois de Pierrot se caractérise par des confusions de conjugaison.
3. Je nous amusions à batifoler : nous nous amusions à jouer.
4. Je nous jesquions : nous nous jetions.
5. Bian : bien. Le son [ien] est prononcé et écrit *ian* pour imiter la prononciation des paysans.
6. Itou : aussi.
7. Pisque : puisque (prononciation paysanne).
8. Qui grouilloit dans gliau : qui bougeait dans l'eau.
9. Fixiblement : mot inventé en combinant « fixement » et « visiblement ».
10. Ç'ai-je fait : ai-je dit.
11. Ula : voilà.
12. Trépassement : mort. Selon une superstition, voir mourir un chat trouble la vue.
13. Pal sanquienne ou palsanqué : juron (« par le sang de Dieu »).
14. T'as la barlue : tu as la berlue, c'est-à-dire des hallucinations.
15. Morquenne ou morqué : juron (« par la mort de Dieu »).
16. Sols ou sous : pièces de monnaie de peu de valeur.
17. Vla argent su jeu : voilà l'argent que je mise.
18. Bouté : mis.

sols en doubles[1], jergniguenne[2] aussi hardiment que si j'avois avalé un varre de vin : car je ses hazardeux[3] moi, et je vas à la debandade[4]. Je savois bian ce que je faisois pourtant, queuque gniais[5] ! Enfin donc, je n'avons pas putost eu gagé que j'avon veu les deux hommes tout à plain[6] qui nous faisiant signe de les aller querir[7], et moi de tirer auparavant les enjeux. Allons, Lucas, ç'ai-je dit, tu vois bian qu'ils nous appellont : allons viste à leu secours. Non, ce m'a-t-il dit, ils m'ont fait pardre. Ô donc tanquia, qua la par fin[8] pour le faire court, je l'ai tant sarmonné, que je nous sommes boutés dans une barque, et pis j'avons tant fait cahin, caha[9], que je les avons tirés de gliau, et pis je les avons menés cheux nous auprès du feu, et pis ils se sant dépouillés[10] tous nuds pour se secher, et pis il y en est venu encor deux de la mesme bande qui sequiant[11] sauvés tout seuls, et pis Mathurine est arrivée là à qui l'en a fait les doux yeux. Vla justement, Charlotte, comme tout ça s'est fait.

CHARLOTTE. – Ne m'as-tu pas dit, Piarrot, qu'il y en a un qu'est bien pu[12] mieux fait que les autres ?

PIERROT. – Oui, c'est le Maître, il faut que ce soit queuque gros[13] gros Monsieur, car il a du dor[14] à son habit tout de pis le haut jusqu'en bas, et ceux qui le servont sont des Monsieux eux-mesme,

---

1. **Pièces tapées** : sous marqués d'une fleur de lys, ce qui accroissait leur valeur ; **doubles** : doubles deniers, pièces de monnaie de valeur encore inférieure aux sous.
2. **Jergniguenne, jerniquenne, jemiquenne, jerniqué ou jernigué** : juron (« je renie Dieu »).
3. **Je ses hazardeux** : je suis joueur, j'aime prendre des risques.
4. **Je vas à la débandade** : j'agis sans réfléchir.
5. **Queuque gniais** : je ne suis pas si idiot que cela.
6. **Tout à plain** : juste devant.
7. **Querir** : chercher.
8. **Tanquia, qua la par fin** : si bien qu'à la fin.
9. **Cahin, caha** : péniblement, tant bien que mal.
10. **Ils se sant dépouillés** : ils se sont dévêtus.
11. **Sequiant** : s'étaient.
12. **Pu** : plus.
13. **Queuque gros** : un important.
14. **Du dor** : de l'or.

et stapandant[1], tout gros Monsieur qu'il est, il seroit par ma fique[2] nayé si je n'aviomme[3] esté là.

CHARLOTTE. – Ardez[4] un peu.

PIERROT. – Ô Parquenne, sans nous, il en avoit pour sa maine de féves[5].

CHARLOTTE. – Est-il encore cheux toi tout nu, Piarrot ?

PIERROT. – Nannain[6], ils l'avont rhabillé tout devant nous. Mon quieu, je n'en avois jamais veu s'habiller, que d'histoires et d'angigorniaux[7] boutont ces Messieus-là les Courtisans[8], je me pardrois là-dedans pour moi, et j'estois tout ebobi[9] de voir ça. Quien, Charlotte, ils avont des cheveux qui ne tenont point à leu teste, et ils boutont ça après tout comme un gros bonnet de filace[10]. Ils ant des chemises qui ant des manches où j'entrerions tout brandis[11] toi et moi. En glieu d'haut de chausse[12], ils portont un garderobe aussi large que d'ici à Pasque[13], en glieu de pourpoint[14], de petites brassieres, qui ne leu venont pas usqu'au brichet, et en glieu de rabas[15] un grand mouchoir de cou à reziau[16] aveuc quatre grosses houpes de linge[17]

---

1. **Stapandant**: cependant.
2. **Par ma fique**: ma foi.
3. **Si je n'aviomme**: si je n'avais.
4. **Ardez**: voyez.
5. **Il en avoit pour sa maine de féves**: il en avait pour sa mesure de fèves, c'est-à-dire il avait son compte, il avait suffisamment souffert.
6. **Nannain**: non, non.
7. **Angigorniaux**: engins, c'est-à-dire choses compliquées.
8. **Courtisans**: personnes de haut rang.
9. **Ebobi**: ébaubi, c'est-à-dire frappé de surprise.
10. **Filace**: ficelle (Pierrot fait référence aux perruques que portaient les nobles).
11. **Brandis**: d'un seul coup.
12. **En glieu d'haut de chausse**: en guise de haut-de-chausses, de pantalon court.
13. **Garderobe**: tablier ; **aussi large que d'ici à Pasque**: aussi long que le temps qui nous sépare de Pâques.
14. **Pourpoint**: vêtement d'homme qui couvrait le torse jusqu'au-dessous de la ceinture.
15. **Brichet**: bréchet, c'est-à-dire sternum, poitrine ; **rabas**: petits cols.
16. **À reziau**: en dentelle.
17. **Houpes de linge**: touffes de tissu.

qui leu pendont sur l'estomaque. Ils avont itou d'autres petits rabats au bout des bras, et de grands entonnois de passement[1] aux jambes, et parmi tout ça tant de rubans, tant de rubans, que c'est une vraie piquié[2]. Ignia pas jusqu'aux souliers qui n'en soient farcis tout de pis un bout jusqu'à l'autre, et ils sont faits d'eune façon que je me romprois le cou aveuc.

CHARLOTTE. – Par ma fi, Piarrot, il faut que j'aille voir un peu ça.

PIERROT. – Ô acoute un peu auparavant, Charlotte, j'ai queuque autre chose à te dire, moi.

CHARLOTTE. – Et bian, di, qu'est-ce que c'est?

PIERROT. – Vois-tu, Charlotte, il faut, comme dit l'autre, que je débonde[3] mon cœur. Je t'aime, tu le sais bian, et je somme pour estre mariés ensemble, mais marquenne[4], je ne suis point satisfait de toi.

CHARLOTTE. – Quement? qu'est-ce que c'est donc qu'iglia?

PIERROT. – Iglia que tu me chagraignes[5] l'esprit franchement.

CHARLOTTE. – Et quement donc?

PIERROT. – Testiguienne[6], tu ne m'aimes point.

CHARLOTTE. – Ah, ah, n'est-ce que ça?

PIERROT. – Oui, ce n'est que ça, et c'est bian assez.

CHARLOTTE. – Mon quieu, Piarrot, tu me viens toujou dire la mesme chose.

---
1. **Entonnois de passement**: riches ornements de tissu.
2. **Piquié**: pitié.
3. **Que je débonde**: que je soulage, que je vide.
4. **Marquenne**: juron («par la mère de Dieu»).
5. **Tu me chagraines**: tu me chagrines, tu me peines.
6. **Testiguienne, testigué ou testiguenne**: juron («par la tête de Dieu»).

Pierrot. – Je te dis toujou la mesme chose, parce que c'est toujou la mesme chose, et si ce n'estoit pas toujou la mesme chose, je ne te dirois pas toujou la mesme chose.

Charlotte. – Mais, qu'est-ce qu'il te faut ? que veux-tu ?

Pierrot. – Jerniquenne, je veux que tu m'aimes.

Charlotte. – Est-ce que je ne t'aime pas ?

Pierrot. – Non, tu ne m'aimes pas, et si[1] je fais tout ce que je pis pour ça. Je t'achète sans reproche, des rubans à tous les marciers[2] qui passont, je me romps le cou à t'aller denicher des marles[3], je fais jouer pour toi les vielleux[4] quand ce vient ta feste, et tout ça comme si je me frapois la teste contre un mur. Vois-tu, ça n'est ni biau ni honneste de n'aimer pas les gens qui nous aimont.

Charlotte. – Mais, mon guieu, je taime aussi.

Pierrot. – Oui, tu m'aimes d'une belle deguaine[5].

Charlotte. – Quement veux-tu donc qu'on fasse ?

Pierrot. – Je veux que l'en fasse comme l'en fait quand l'en aime comme il faut.

Charlotte. – Ne t'aimai-je pas aussi comme il faut ?

Pierrot. – Non, quand ça est, ça se void, et l'en fait mille petites singeries[6] aux personnes quand on les aime du bon du cœur. Regarde la grosse Thomasse comme elle est assotée[7] du jeune Robain, aile est toujou autour de li à lagacer, et ne le laisse jamais en repos. Toujou

---

[1]. **Si** : pourtant.
[2]. **Marciers** : merciers, c'est-à-dire marchands de fournitures de couture.
[3]. **T'aller denicher des marles** : aller te dénicher des merles, c'est-à-dire trouver tout ce qui peut te faire plaisir (figuré).
[4]. **Vielleux** : joueurs de vielle (instrument à cordes).
[5]. **Dune belle deguaine** : d'une belle dégaine, c'est-à-dire d'une vilaine manière.
[6]. **Singeries** : tendres attentions.
[7]. **Assotée** : rendue sotte, ici par la passion amoureuse.

Acte II, scène 1

al li fait queuque niche ou li baille quelque taloche[1] en passant, et l'autre jour qu'il estoit assis sur un escabiau, al fut le tirer de dessous li, et le fit choir[2] tout de son long par tarre. Jarni[3] via où l'en voit les gens qui aimont, mais toi, tu ne me dis jamais mot, t'es toujou là comme eune vraie souche de bois, et je passerois vingt fois devant toi que tu ne te grouillerois pas pour me bailler le moindre coup, ou me dire la moindre chose. Ventrequenne[4], ça n'est pas bian, après tout, et t'es trop froide pour les gens.

CHARLOTTE. – Que veux-tu que j'y fasse ? c'est mon himeur, et je ne me pis refondre[5].

PIERROT. – Ignia himeur qui quienne, quand en a de l'amiquié pour les personnes, lan en baille toujou queuque petite signifiance.

CHARLOTTE. – Enfin, je t'aime tout autant que je pis, et si tu n'es pas content de ça, tu n'as qu'à en aimer queuquautre.

PIERROT. – Eh bien, vla pas mon conte[6] ? Testigué, si tu m'aimois, me dirois-tu ça ?

CHARLOTTE. – Pourquoi me viens-tu aussi tarabuster[7] l'esprit ?

PIERROT. – Morqué, queu mal te fais-je ? je ne te demande qu'un peu d'amiquié.

CHARLOTTE. – Et bian, laisse faire aussi, et ne me presse point tant, peut-estre que ça viendra tout d'un coup sans y songer.

PIERROT. – Touche donc là[8], Charlotte.

CHARLOTTE. – Et bien, quien.

---

1. **Niche** : farce ; **li baille quelque taloche** : lui donne une tape.
2. **Cheoir** : choir, c'est-à-dire tomber.
3. **Jarni ou jemi** : juron (« je renie »).
4. **Ventrequenne ou ventrequé** : juron (« par le ventre de Dieu »).
5. **Refondre** : changer ce que je suis.
6. **Vla pas mon conte** : cela ne fait pas mon compte, c'est-à-dire cela ne m'arrange pas.
7. **Tarabuster** : contrarier, causer du tracas.
8. **Touche donc là** : tape donc dans ma main pour conclure notre accord.

Pierrot. – Promets-moi donc que tu tâcheras de m'aimer davantage.

130 **Charlotte.** – J'y ferai tout ce que je pourrai, mais il faut que ça vienne de lui-mesme. Piarrot, est-ce là ce Monsieur ?

Pierrot. – Oui, le ula.

Charlotte. – Ah, mon quieu, qu'il est genti[1], et que ç'auroit esté dommage qu'il eust été nayé.

135 **Pierrot.** – Je revians tout à l'heure[2], je m'en vas boire chopaine[3], pour me rebouter tant soit peu de la fatigue, que j'ais eue.

Scène 2
Dom Juan, Sganarelle. Charlotte

Dom Juan. – Nous avons manqué notre coup, Sganarelle, et cette bourrasque[4] imprévue a renversé avec notre barque le projet que nous avions fait ; mais, à te dire vrai, la paysanne que je viens de quitter répare ce malheur, et je lui ai trouvé des charmes qui effacent
5 de mon esprit tout le chagrin que me donnait le mauvais succès[5] de notre entreprise. Il ne faut pas que ce cœur m'échappe, et j'y ai déjà jeté des dispositions à ne pas me souffrir longtemps de pousser des soupirs[6].

---

1. **Genti** : gentil, c'est-à-dire joli.
2. **Tout à l'heure** : tout de suite.
3. **Chopaine** : un verre.
4. **Bourrasque** : coup de vent violent.
5. **Mauvais succès** : échec.
6. **J'y ai déjà jeté des dispositions à ne pas me souffrir longtemps de pousser des soupirs** : j'ai fait en sorte qu'elle ne me laisse pas attendre longtemps.

Sganarelle. – Monsieur, j'avoue que vous m'étonnez. À peine sommes-nous échappés d'un péril de mort qu'au lieu de rendre grâce[1] au Ciel de la pitié qu'il a daigné prendre de nous, vous travaillez tout de nouveau à attirer sa colère par vos fantaisies accoutumées[2] et vos amours cr… Paix! coquin[3] que vous êtes; vous ne savez ce que vous dites, et Monsieur sait ce qu'il fait. Allons.

Dom Juan, *apercevant Charlotte.* – Ah! ah! d'où sort cette autre paysanne, Sganarelle? As-tu rien vu de plus joli? et ne trouves-tu pas, dis-moi, que celle-ci vaut bien l'autre?

Sganarelle. – Assurément. Autre pièce nouvelle[4].

Dom Juan. – D'où me vient, la belle, une rencontre si agréable? Quoi? dans ces lieux champêtres[5], parmi ces arbres et ces rochers, on trouve des personnes faites comme vous êtes?

Charlotte. – Vous voyez, Monsieur.

Dom Juan. – Êtes-vous de ce village?

Charlotte. – Oui, Monsieur.

Dom Juan. – Et vous y demeurez?

Charlotte. – Oui, Monsieur.

Dom Juan. – Vous vous appelez?

Charlotte. – Charlotte, pour vous servir.

Dom Juan. – Ah! la belle personne, et que ses yeux sont pénétrants[6]!

Charlotte. – Monsieur, vous me rendez toute honteuse.

---

1. Rendre grâce: remercier.
2. Fantaisies accoutumées: caprices habituels.
3. Coquin: vaurien (insulte).
4. Autre pièce nouvelle: nouvel embarras en perspective.
5. Champêtres: campagnards.
6. Sont pénétrants: touchent l'âme, font une vive impression.

Dom Juan. – Ah ! n'ayez point de honte d'entendre dire vos vérités. Sganarelle, qu'en dis-tu ? Peut-on rien voir de plus agréable ? Tournez-vous un peu, s'il vous plaît. Ah ! que cette taille est jolie ! Haussez un peu la tête, de grâce. Ah ! que ce visage est mignon ! Ouvrez vos yeux entièrement. Ah ! qu'ils sont beaux ! Que je voie un peu vos dents, je vous prie. Ah ! qu'elles sont amoureuses[1], et ces lèvres appétissantes ! Pour moi, je suis ravi, et je n'ai jamais vu une si charmante personne.

Charlotte. – Monsieur, cela vous plaît à dire, et je ne sais pas si c'est pour vous railler de moi.

Dom Juan. – Moi, me railler de vous ? Dieu m'en garde ! Je vous aime trop pour cela, et c'est du fond du cœur que je vous parle.

Charlotte. – Je vous suis bien obligée[2], si ça est.

Dom Juan. – Point du tout ; vous ne m'êtes point obligée de tout ce que je dis, et ce n'est qu'à votre beauté que vous en êtes redevable.

Charlotte. – Monsieur, tout ça est trop bien dit pour moi, et je n'ai pas d'esprit[3] pour vous répondre.

Dom Juan. – Sganarelle, regarde un peu ses mains.

Charlotte. – Fi ! Monsieur, elles sont noires comme je ne sais quoi.

Dom Juan. – Ha ! que dites-vous là ? Elles sont les plus belles du monde ; souffrez que je les baise, je vous prie.

Charlotte. – Monsieur, c'est trop d'honneur que vous me faites, et si j'avais su ça tantôt[4], je n'aurais pas manqué de les laver avec du son[5].

---

1. Amoureuses : dignes d'être aimées (sens du XVIIᵉ siècle).
2. Obligée : reconnaissante.
3. Pas d'esprit : pas assez d'intelligence, de finesse.
4. Tantôt : un peu avant.
5. Son : résidus de grains de céréales moulus qu'on frottait sur la peau pour se laver.

Acte II, scène 2

55 **Dom Juan.** – Et dites-moi un peu, belle Charlotte, vous n'êtes pas mariée sans doute ?

Charlotte. – Non, Monsieur ; mais je dois bientôt l'être avec Piarrot, le fils de la voisine Simonette.

Dom Juan. – Quoi ? une personne comme vous serait la femme
60 d'un simple paysan ! Non, non : c'est profaner[1] tant de beautés, et vous n'êtes pas née pour demeurer dans un village. Vous méritez sans doute une meilleure fortune[2], et le Ciel, qui le connaît[3] bien, m'a conduit ici tout exprès pour empêcher ce mariage, et rendre justice à vos charmes ; car enfin, belle Charlotte, je vous aime de
65 tout mon cœur, et il ne tiendra qu'à vous que je vous arrache de ce misérable lieu, et ne vous mette dans l'état où vous méritez d'être. Cet amour est bien prompt sans doute ; mais quoi ? c'est un effet, Charlotte, de votre grande beauté, et l'on vous aime autant en un quart d'heure qu'on ferait une autre en six mois.

70 **Charlotte.** – Aussi vrai, Monsieur, je ne sais comment faire quand vous parlez. Ce que vous dites me fait aise[4], et j'aurais toutes les envies du monde de vous croire ; mais on m'a toujou dit qu'il ne faut jamais croire les monsieux, et que vous autres courtisans êtes des enjoleus[5], qui ne songez qu'à abuser[6] les filles.

75 **Dom Juan.** – Je ne suis pas de ces gens-là.

Sganarelle. – Il n'a garde[7].

Charlotte. – Voyez-vous, Monsieur, il n'y a pas plaisir à se laisser abuser. Je suis une pauvre paysanne ; mais j'ai l'honneur en

---

1. **Profaner** : manquer de respect à une chose sacrée, dégrader.
2. **Fortune** : destinée.
3. **Connaît** : ici, sait.
4. **Me fait aise** : me fait plaisir.
5. **Enjoleus** : enjôleurs, c'est-à-dire personnes qui séduisent par des manières et des paroles flatteuses.
6. **Abuser** : tromper en donnant de faux espoirs.
7. **Il n'a garde** : il s'en garde bien.

Dom Juan

recommandation[1], et j'aimerais mieux me voir morte que de me voir déshonorée.

Dom Juan. – Moi, j'aurais l'âme assez méchante pour abuser une personne comme vous ? Je serais assez lâche pour vous déshonorer ? Non, non : j'ai trop de conscience pour cela. Je vous aime, Charlotte, en tout bien et en tout honneur ; et pour vous montrer que je vous dis vrai, sachez que je n'ai point d'autre dessein[2] que de vous épouser : en voulez-vous un plus grand témoignage ? M'y voilà prêt quand vous voudrez ; et je prends à témoin l'homme que voilà de la parole que je vous donne.

Sganarelle. – Non, non, ne craignez point : il se mariera avec vous tant que vous voudrez.

Dom Juan. – Ah ! Charlotte, je vois bien que vous ne me connaissez pas encore. Vous me faites grand tort de juger de moi par les autres ; et s'il y a des fourbes[3] dans le monde, des gens qui ne cherchent qu'à abuser des filles, vous devez me tirer du nombre, et ne pas mettre en doute la sincérité de ma foi[4]. Et puis votre beauté vous assure de tout. Quand on est faite comme vous, on doit être à couvert[5] de toutes ces sortes de crainte ; vous n'avez point l'air, croyez-moi, d'une personne qu'on abuse ; et pour moi, je l'avoue, je me percerais le cœur de mille coups, si j'avais eu la moindre pensée de vous trahir.

Charlotte. – Mon Dieu ! je ne sais si vous dites vrai, ou non ; mais vous faites que l'on vous croit.

Dom Juan. – Lorsque vous me croirez, vous me rendrez justice assurément, et je vous réitère encore la promesse que je vous ai faite. Ne l'acceptez-vous pas, et ne voulez-vous pas consentir à être ma femme ?

---

1. J'ai l'honneur en recommandation : je me soucie de mon honneur, j'ai le sens de la vertu.
2. Dessein : projet, intention.
3. Fourbes : personnes trompeuses, hypocrites.
4. Foi : promesse.
5. À couvert : protégée.

CHARLOTTE. – Oui, pourvu que ma tante le veuille.

DOM JUAN. – Touchez donc là, Charlotte, puisque vous le voulez bien de votre part.

CHARLOTTE. – Mais au moins, Monsieur, ne m'allez pas tromper, je vous prie : il y aurait de la conscience à vous[1], et vous voyez comme j'y vais à la bonne foi[2].

DOM JUAN. – Comment ? Il semble que vous doutiez encore de ma sincérité ! Voulez-vous que je fasse des serments épouvantables[3] ? Que le Ciel…

CHARLOTTE. – Mon Dieu, ne jurez point, je vous crois.

DOM JUAN. – Donnez-moi donc un petit baiser pour gage[4] de votre parole.

CHARLOTTE. – Oh ! Monsieur, attendez que je soyons mariés, je vous prie ; après ça, je vous baiserai tant que vous voudrez.

DOM JUAN. – Eh bien ! belle Charlotte, je veux tout ce que vous voulez ; abandonnez-moi seulement votre main, et souffrez que, par mille baisers, je lui exprime le ravissement où je suis…

---

1. Il y aurait de la conscience à vous : vous auriez une faute à vous reprocher, ce serait immoral de votre part.
2. J'y vais à la bonne foi : je vous fais confiance.
3. Épouvantables : ici, extrêmes, extraordinaires.
4. Gage : garantie.

Scène 3

Dom Juan, Sganarelle, Pierrot, Charlotte

Pierrot, *se mettant entre deux et poussant Dom Juan.* – Tout doucement, Monsieur, tenez-vous, s'il vous plaît. Vous vous échauffez trop, et vous pourriez gagner la purésie[1].

Dom Juan, *repoussant rudement Pierrot.* – Qui m'amène cet impertinent?

Pierrot. – Je vous dis qu'ou vous tegniez[2], et qu'ou ne caressiais point nos accordées[3].

Dom Juan, *continue de le repousser.* – Ah! que de bruit!

Pierrot. – Jemiquenne! ce n'est pas comme ça qu'il faut pousser les gens.

Charlotte, *prenant Pierrot par le bras.* – Et laisse-le faire aussi, Piarrot.

Pierrot. – Quement? que je le laisse faire? Je ne veux pas, moi.

Dom Juan. – Ah!

Pierrot. – Testiguenne! parce qu'ous estes Monsieu, ous viendrez caresser nos femmes à notre barbe[4]? Allez-v's-en caresser les vôtres.

Dom Juan. – Heu?

Pierrot. – Heu. (*Dom Juan lui donne un soufflet*[5].) Testigué! ne me frappez pas. (*Autre soufflet.*) Oh! jernigué! (*Autre soufflet.*) Ventre-qué! (*Autre soufflet.*) Palsanqué! Morquenne! ça n'est pas bian de battre les gens, et ce n'est pas là la récompense de v's avoir sauvé d'estre nayé.

---

1. **Purésie**: pleurésie, maladie qui touche les poumons.
2. **Je vous dis qu'ou vous tegniez**: je vous dis de vous contenir.
3. **Accordées**: fiancées.
4. **À notre barbe**: sous nos yeux.
5. **Soufflet**: gifle.

CHARLOTTE. – Piarrot, ne te fâche point.

PIERROT. – Je me veux fâcher ; et t'es une vilaine, toi, d'endurer[1] qu'on te cajole.

CHARLOTTE. – Oh ! Piarrot, ce n'est pas ce que tu penses. Ce monsieur veut m'épouser, et tu ne dois pas te bouter en colère.

PIERROT. – Quement ? Jemi ! Tu m'es promise.

CHARLOTTE. – Ça n'y fait rien, Piarrot. Si tu m'aimes ne dois-tu pas estre bien aise que je devienne Madame ?

PIERROT. – Jerniqué ! non. J'aime mieux te voir crevée que de te voir à un autre.

CHARLOTTE. – Va, va, Piarrot, ne te mets point en peine : si je sis Madame, je te ferai gagner queuque chose, et tu apporteras du beurre et du fromage cheux nous.

PIERROT. – Ventrequenne ! je gni en porterai jamais, quand tu m'en poirais[2] deux fois autant. Est-ce donc comme ça que t'écoutes ce qu'il te dit ? Morquenne ! si j'avais su ça tantost, je me serais bian gardé de le tirer de gliau, et je gli aurais baillé un bon coup d'aviron[3] sur la teste.

DOM JUAN, *s'approchant de Pierrot pour le frapper.* – Qu'est-ce que vous dites ?

PIERROT, *s'éloignant derrière Charlotte.* – Jerniquenne ! je ne crains personne.

DOM JUAN *passe du côté où est Pierrot.* – Attendez-moi un peu.

PIERROT *repasse de l'autre côté de Charlotte.* – Je me moque de tout, moi.

DOM JUAN *court après Pierrot.* – Voyons cela.

---

1. Endurer : accepter.
2. Quand tu m'en poirais : même si tu me payais.
3. Aviron : rame.

Pierrot *se sauve encore derrière Charlotte.* – J'en avons bien vu d'autres.

Dom Juan. – Houais !

Sganarelle. – Eh ! Monsieur, laissez là ce pauvre misérable. C'est conscience[1] de le battre. Écoute, mon pauvre garçon, retire-toi, et ne lui dis rien.

Pierrot *passe devant Sganarelle, et dit fièrement à Dom Juan.* – Je veux lui dire, moi.

Dom Juan *lève la main pour donner un soufflet à Pierrot, qui baisse la tête et Sganarelle reçoit le soufflet.* – Ah ! je vous apprendrai.

Sganarelle, *regardant Pierrot qui s'est baissé pour éviter le soufflet.* – Peste soit du maroufle[2] !

Dom Juan. – Te voilà payé de ta charité.

Pierrot. – Jarni ! je vas dire à sa tante tout ce ménage-ci.

Dom Juan. – Enfin je m'en vais être le plus heureux de tous les hommes, et je ne changerais pas mon bonheur à[3] toutes les choses du monde. Que de plaisirs quand vous serez ma femme ! et que…

---

1. **C'est conscience** : c'est une faute, c'est immoral.
2. **Peste soit du maroufle** : la peste emporte ce vaurien.
3. **À** : contre.

Scène 4

DOM JUAN, SGANARELLE, CHARLOTTE, MATHURINE

SGANARELLE, *apercevant Mathurine.* – Ah ! ah !

MATHURINE, *à Dom Juan.* – Monsieur, que faites-vous donc là avec Charlotte ? Est-ce que vous lui parlez d'amour aussi ?

DOM JUAN, *à Mathurine.* – Non, au contraire, c'est elle qui me témoignait une envie d'être ma femme, et je lui répondais que j'étais engagé à vous.

CHARLOTTE. – Qu'est-ce que c'est donc que vous veut Mathurine ?

DOM JUAN, *bas, à Charlotte.* – Elle est jalouse de me voir vous parler, et voudrait bien que je l'épousasse ; mais je lui dis que c'est vous que je veux.

MATHURINE. – Quoi ? Charlotte…

DOM JUAN, *bas, à Mathurine.* – Tout ce que vous lui direz sera inutile ; elle s'est mis cela dans la tête.

CHARLOTTE. – Quement donc ! Mathurine…

DOM JUAN, *bas, à Charlotte.* – C'est en vain que vous lui parlerez ; vous ne lui ôterez point cette fantaisie[1].

MATHURINE. – Est-ce que… ?

DOM JUAN, *bas, à Mathurine.* – Il n'y a pas moyen de lui faire entendre raison.

CHARLOTTE. – Je voudrais…

DOM JUAN, *bas, à Charlotte.* – Elle est obstinée comme tous les diables.

---

1. **Fantaisie** : ici, produit de l'imagination.

Dom Juan

MATHURINE. – Vramant...

DOM JUAN, *bas, à Mathurine*. – Ne lui dites rien, c'est une folle.

CHARLOTTE. – Je pense...

DOM JUAN, *bas, à Charlotte*. – Laissez-la là, c'est une extravagante[1].

MATHURINE. – Non, non : il faut que je lui parle.

CHARLOTTE. – Je veux voir un peu ses raisons.

MATHURINE. – Quoi ?...

DOM JUAN, *bas, à Mathurine*. – Je gage qu'elle va vous dire que je lui ai promis de l'épouser.

CHARLOTTE. – Je...

DOM JUAN, *bas, à Charlotte*. – Gageons qu'elle vous soutiendra que je lui ai donné parole de la prendre pour femme.

MATHURINE. – Hola ! Charlotte, ça n'est pas bien de courir sur le marché[2] des autres.

CHARLOTTE. – Ça n'est pas honnête, Mathurine, d'être jalouse que Monsieur me parle.

MATHURINE. – C'est moi que Monsieur a vue la première.

CHARLOTTE. – S'il vous a vue la première, il m'a vue la seconde, et m'a promis de m'épouser.

DOM JUAN, *bas, à Mathurine*. – Eh bien ! que vous ai-je dit ?

MATHURINE. – Je vous baise les mains[3], c'est moi, et non pas vous, qu'il a promis d'épouser.

---

1. Extravagante : personne bizarre, excentrique.
2. Courir sur le marché : empiéter sur le terrain.
3. Je vous baise les mains : formule de politesse signifiant « excusez-moi de vous contredire » (ironique).

Dom Juan, *bas, à Charlotte.* – N'ai-je pas deviné ?

Charlotte. – À d'autres[1], je vous prie ; c'est moi, vous dis-je.

Mathurine. – Vous vous moquez des gens ; c'est moi, encore un coup.

Charlotte. – Le vla qui est pour le dire, si je n'ai pas raison.

Mathurine. – Le vla qui est pour me démentir, si je ne dis pas vrai.

Charlotte. – Est-ce, Monsieur, que vous lui avez promis de l'épouser ?

Dom Juan, *bas, à Charlotte.* – Vous vous raillez de moi.

Mathurine. – Est-il vrai, Monsieur, que vous lui avez donné parole d'être son mari ?

Dom Juan, *bas, à Mathurine.* – Pouvez-vous avoir cette pensée ?

Charlotte. – Vous voyez qu'ai le soutient.

Dom Juan, *bas, à Charlotte.* – Laissez-la faire.

Mathurine. – Vous êtes témoin comme al l'assure.

Dom Juan, *bas, à Mathurine.* – Laissez-la dire.

Charlotte. – Non, non : il faut savoir la vérité.

Mathurine. – Il est question de juger ça.

Charlotte. – Oui, Mathurine, je veux que Monsieur vous montre votre bec jaune[2].

Mathurine. – Oui, Charlotte, je veux que Monsieur vous rende un peu camuse[3].

Charlotte. – Monsieur, vuidez la querelle[4], s'il vous plaît.

---

1. À d'autres : vous pourriez faire croire vos sornettes à d'autres personnes.
2. Votre bec jaune : votre erreur, votre naïveté, pareille à celle d'un oisillon.
3. Vous rende un peu camuse : vous rabatte un peu le caquet, c'est-à-dire vous révèle qu'il vous a trompée.
4. Vuidez la querelle : tranchez.

MATHURINE. – Mettez-nous d'accord, Monsieur.

CHARLOTTE, *à Mathurine.* – Vous allez voir.

MATHURINE, *à Charlotte.* – Vous allez voir vous-même.

CHARLOTTE, *à Dom Juan.* – Dites.

MATHURINE, *à Dom Juan.* – Parlez.

DOM JUAN, *embarrassé, leur dit à toutes deux.* – Que voulez-vous que je dise ? Vous soutenez également toutes deux que je vous ai promis de vous prendre pour femmes. Est-ce que chacune de vous ne sait pas ce qui en est, sans qu'il soit nécessaire que je m'explique davantage ? Pourquoi m'obliger là-dessus à des redites ? Celle à qui j'ai promis effectivement n'a-t-elle pas en elle-même de quoi se moquer des discours de l'autre, et doit-elle se mettre en peine, pourvu que j'accomplisse ma promesse ? Tous les discours n'avancent point les choses ; il faut faire et non pas dire, et les effets décident mieux[1] que les paroles. Aussi n'est-ce rien que par-là que je vous veux mettre d'accord, et l'on verra, quand je me marierai, laquelle des deux a mon cœur. *(Bas, à Mathurine :)* Laissez-lui croire ce qu'elle voudra. *(Bas, à Charlotte :)* Laissez-la se flatter dans son imagination. *(Bas, à Mathurine :)* Je vous adore. *(Bas, à Charlotte :)* Je suis tout à vous. *(Bas, à Mathurine :)* Tous les visages sont laids auprès du vôtre. *(Bas, à Charlotte :)* On ne peut plus souffrir les autres quand on vous a vue. J'ai un petit ordre à donner ; je viens vous retrouver dans un quart d'heure.

CHARLOTTE, *à Mathurine.* – Je suis celle qu'il aime, au moins.

MATHURINE. – C'est moi qu'il épousera.

SGANARELLE. – Ah ! pauvres filles que vous êtes, j'ai pitié de votre innocence, et je ne puis souffrir de vous voir courir à votre malheur.

---

1. Les effets décident mieux : les actes sont de meilleures preuves.

Acte II, scène 4

Croyez-moi l'une et l'autre : ne vous amusez point à tous les contes[1] qu'on vous fait, et demeurez dans votre village.

Dom Juan, *revenant*. – Je voudrais bien savoir pourquoi Sganarelle ne me suit pas.

Sganarelle. – Mon maître est un fourbe ; il n'a dessein que de vous abuser, et en a bien abusé d'autres ; c'est l'épouseur du genre humain, et… *(Il aperçoit Dom Juan.)* Cela est faux ; et quiconque vous dira cela, vous lui devez dire qu'il en a menti. Mon maître n'est point l'épouseur du genre humain, il n'est point fourbe, il n'a pas dessein de vous tromper, et n'en a point abusé d'autres. Ah ! tenez, le voilà ; demandez-le plutôt à lui-même.

Dom Juan. – Oui.

Sganarelle. – Monsieur, comme le monde est plein de médisants[2], je vais au-devant des choses ; et je leur disais que, si quelqu'un leur venait dire du mal de vous, elles se gardassent bien de le croire, et ne manquassent pas de lui dire qu'il en aurait menti.

Dom Juan. – Sganarelle.

Sganarelle. – Oui, Monsieur est homme d'honneur, je le garantis tel.

Dom Juan. – Hon !

Sganarelle. – Ce sont des impertinents.

---

1. Ne vous amusez point à tous les contes : ne perdez pas votre temps avec tous les récits mensongers.
2. Médisants : personnes qui disent du mal, qui accusent à tort.

Scène 5
DOM JUAN, LA RAMÉE, CHARLOTTE, MATHURINE, SGANARELLE

LA RAMÉE. – Monsieur, je viens vous avertir qu'il ne fait pas bon ici pour vous.

DOM JUAN. – Comment?

LA RAMÉE. – Douze hommes à cheval vous cherchent, qui doivent arriver ici dans un moment; je ne sais pas par quel moyen ils peuvent vous avoir suivi; mais j'ai appris cette nouvelle d'un paysan qu'ils ont interrogé, et auquel ils vous ont dépeint. L'affaire presse, et le plus tôt que vous pourrez sortir d'ici sera le meilleur.

DOM JUAN, *à Charlotte et Mathurine*. – Une affaire pressante m'oblige de partir d'ici; mais je vous prie de vous ressouvenir de la parole que je vous ai donnée, et de croire que vous aurez de mes nouvelles avant qu'il soit demain au soir. Comme la partie n'est pas égale, il faut user de stratagème[1], et éluder[2] adroitement le malheur qui me cherche. Je veux que Sganarelle se revête de mes habits, et moi…

SGANARELLE. – Monsieur, vous vous moquez. M'exposer à être tué sous vos habits, et…

DOM JUAN. – Allons vite, c'est trop d'honneur que je vous fais, et bien heureux est le valet qui peut avoir la gloire de mourir pour son maître.

SGANARELLE. – Je vous remercie d'un tel honneur. Ô Ciel, puisqu'il s'agit de mort, fais-moi la grâce de n'être point pris pour un autre!

---

1. Stratagème: ruse.
2. Éluder: éviter.

Arrêt sur lecture 2

Pour comprendre l'essentiel

Les jeux de l'amour

1 Il y a plusieurs trios amoureux dans l'acte II. Dites quelle place occupe Dom Juan dans ces trios et montrez qu'elle est conforme à l'image que les spectateurs ont de lui à ce moment de la pièce.

2 L'acte II donne à voir deux stratégies de séduction. Comparez le comportement de Pierrot et celui de Dom Juan pour plaire à Charlotte.

3 Cet acte met aussi en scène des jaloux. Étudiez la vision que Molière donne de la jalousie en repérant ses manifestations physiques et verbales sur scène.

Un acte qui détourne l'univers de la pastorale

4 La pastorale est une œuvre littéraire qui relate les amours des bergers et des bergères dans un cadre champêtre conventionnel. Montrez que les personnages et le lieu de cet acte correspondent bien à ce genre littéraire.

5 Dans la pastorale, le langage et le comportement des bergers et des bergères sont ennoblis ; Molière a fait des choix plus réalistes. Prouvez-le.

6 La pastorale repose aussi sur l'idéal d'une harmonie entre les êtres. Étudiez la relation entre Pierrot et Charlotte pour montrer que Molière présente une vision moins idéalisée de l'amour.

Un comique inspiré de la farce

7 Au début de l'acte, le comique repose notamment sur le patois de Pierrot. Étudiez les différentes particularités de ce parler paysan. Montrez que le caractère de Pierrot contribue lui aussi au comique de la scène.

8 La farce fait la part belle au comique de gestes. À l'aide des didascalies, repérez ce type de comique dans la scène 3.

9 La scène 4, qui réunit Dom Juan, Charlotte et Mathurine, repose sur un autre type de comique. Identifiez-le et expliquez-en le fonctionnement.

✔ Rappelez-vous !

- On distingue habituellement **quatre types de comique**. Lorsque l'exagération ridiculise un trait de caractère, une manie, un vice, il s'agit du **comique de caractère**. Lorsqu'un quiproquo ou un coup de théâtre créent une situation embarrassante pour les personnages, un **comique de situation** est instauré. Avec le **comique de mots**, le rire naît du langage lui-même (mots déformés, jargons ridicules, mots mal compris). Enfin, on reconnaît le **comique de gestes** aux gesticulations, grimaces, coups qui font rire par l'absence de contrôle du corps qu'on doit normalement maîtriser en société.
- La **farce** est une courte pièce de théâtre, d'origine médiévale, qui met en scène des personnages souvent grotesques, bouffons, et qui repose sur un comique grossier.

Vers l'oral du Bac

Analyse de la scène 2 de l'acte II, l. 15-90, p. 41-44

> → *Étudier le mélange des tonalités dans la scène*

🎤 *Conseils pour la lecture à voix haute*

– Appuyez-vous sur les répétitions de l'interjection « Ah ! » pour surjouer un peu les répliques de Dom Juan.
– Vous pouvez varier le ton des répliques de Charlotte : elle est tour à tour respectueuse, gênée, méfiante, flattée.
– Faites sentir le double sens de certaines répliques de Sganarelle et de Dom Juan.

📖 *Analyse du texte*

■ *Introduction rédigée*

Dom Juan est un séducteur. Les spectateurs le savent depuis le début de la pièce : à l'acte I, Sganarelle leur a appris qu'il avait séduit et épousé Elvire avant de l'abandonner et Dom Juan a révélé son projet d'enlever une jeune femme. Au début de la scène 2 de l'acte II, il avoue qu'il est désormais attiré par une autre femme, quand une nouvelle proie se présente à lui : Charlotte, une jeune paysanne. Les spectateurs vont alors voir le séducteur à l'œuvre. Comme nous allons le montrer, cette scène de séduction, légère au premier abord, joue en réalité sur différentes tonalités. Nous étudierons d'abord l'art de la séduction déployé par Dom Juan avant de montrer que cette scène peut susciter un malaise en raison de l'immoralité du personnage, qui rend la scène à la fois comique et cruelle.

■ *Analyse guidée*

I. L'art de la séduction

a. Pour séduire Charlotte, Dom Juan fait l'éloge de sa beauté. Étudiez les marques stylistiques de l'éloge dans ses compliments (vocabulaire mélioratif, types de phrases, superlatifs).

b. Le héros flatte le désir d'ascension sociale de cette paysanne. Prouvez-le en analysant les paroles et les gestes de Dom Juan.

c. Dom Juan va jusqu'à lui promettre de l'épouser. Relevez ses déclarations d'amour et montrez qu'il devance les objections de Charlotte.

II. L'immoralité de Dom Juan

a. Dom Juan ment à Charlotte. À partir des informations dont disposent les spectateurs au sujet de Dom Juan et à l'aide du début de la scène, montrez que ce personnage se montre ici hypocrite et sans scrupule.

b. Alors qu'il est noble, Dom Juan ne tient aucun compte du sens de l'honneur, propre aux personnes de son rang. Analysez l'emploi qu'il fait du mot « honneur » dans cette scène.

c. Le personnage se moque de l'engagement sacré du mariage. Montrez qu'il fait un usage immoral du vocabulaire religieux.

III. Une scène à la fois comique et cruelle

a. On distingue habituellement quatre types de comique. En vous aidant du « Rappelez-vous ! » (p. 56), précisez lesquels sont présents dans cette scène en justifiant chacun d'eux par un exemple tiré du texte.

b. Cette scène comique est aussi cruelle car Charlotte a tout d'une proie pour Dom Juan. Montrez-le en mettant notamment en évidence les signes de son infériorité par rapport à Dom Juan.

c. Le comportement de Sganarelle n'est pas plus louable que celui de son maître. Expliquez en quoi l'ironie de ses deux dernières répliques est à la fois comique et cruelle.

■ *Conclusion rédigée*

Au sein de l'acte II, qui repose dans l'ensemble sur un comique inspiré de la farce, la scène de séduction de Charlotte suscite des émotions plus contrastées. Si les spectateurs peuvent éprouver un grand plaisir à assister à cette leçon de séduction, l'immoralité de Dom Juan, qui ne respecte ni le code de l'honneur, ni les sacrements religieux, rend cette scène à la fois comique et cruelle. Les metteurs en scène ont fait des choix différents pour représenter ce passage, qui reposent notamment sur la comédienne qui incarne Charlotte. Ainsi, présentant une Charlotte ridicule de bêtise et de naïveté, Daniel Mesguich a accentué le registre comique. Au contraire, en choisissant une Charlotte ravissante et délicate, Marcel Bluwal a rendu la scène plus poignante.

Les trois questions de l'examinateur

Question 1. Sganarelle désapprouve le comportement de Dom Juan mais n'intervient pas pour l'empêcher d'agir. Comment expliquez-vous cette passivité du valet ?

Question 2. (Lecture d'images) Les femmes sont au cœur de la pièce. Observez les photographies de mises en scène reproduites en début d'ouvrage, au verso de la couverture : quels aspects du comportement de Dom Juan envers les femmes les metteurs en scène ont-ils mis en évidence ?

Question 3. La scène de séduction est un lieu commun théâtral. Connaissez-vous d'autres scènes de ce type dans les pièces de Molière ou d'autres auteurs ?

ACTE III[1]

Scène 1

Dom Juan, *en habit de campagne*, **Sganarelle**, *en médecin*.

Sganarelle. – Ma foi, Monsieur, avouez que j'ai eu raison, et que nous voilà l'un et l'autre déguisés à merveille. Votre premier dessein n'était point du tout à propos, et ceci nous cache bien mieux que tout ce que vous vouliez faire.

Dom Juan. – Il est vrai que te voilà bien, et je ne sais où tu as été déterrer cet attirail[2] ridicule.

Sganarelle. – Oui ? C'est l'habit d'un vieux médecin, qui a été laissé en gage au lieu où je l'ai pris, et il m'en a coûté de l'argent pour l'avoir. Mais savez-vous, Monsieur, que cet habit me met déjà en considération[3], que je suis salué des gens que je rencontre, et que l'on me vient consulter ainsi qu'un habile homme ?

Dom Juan. – Comment donc ?

Sganarelle. – Cinq ou six paysans et paysannes, en me voyant passer, me sont venus demander mon avis sur différentes maladies.

---

1. Dans le contrat passé avec les peintres (voir note 1, p. 11), le décor prévu pour l'acte III est le suivant : « Une forêt avec à l'arrière-plan une sorte de temple entouré de verdure ».
2. Attirail : panoplie, ensemble des objets constituant le costume de médecin.
3. Me met déjà en considération : me donne tant d'autorité.

Dom Juan

15 **Dom Juan.** – Tu leur as répondu que tu n'y entendais[1] rien ?

Sganarelle. – Moi ? Point du tout. J'ai voulu soutenir[2] l'honneur de mon habit : j'ai raisonné sur le mal, et leur ai fait des ordonnances à chacun.

Dom Juan. – Et quels remèdes encore leur as-tu ordonnés ?

20 **Sganarelle.** – Ma foi ! Monsieur, j'en ai pris par où j'en ai pu attraper ; j'ai fait mes ordonnances à l'aventure[3], et ce serait une chose plaisante si les malades guérissaient, et qu'on m'en vînt remercier.

Dom Juan. – Et pourquoi non ? Par quelle raison n'aurais-tu pas les mêmes privilèges qu'ont tous les autres médecins ? Ils n'ont pas 25 plus de part que toi aux guérisons des malades, et tout leur art est pure grimace[4]. Ils ne font rien que recevoir la gloire des heureux[5] succès, et tu peux profiter comme eux du bonheur du malade, et voir attribuer à tes remèdes tout ce qui peut venir des faveurs du hasard et des forces de la nature.

30 **Sganarelle.** – Comment, Monsieur, vous êtes aussi impie en médecine ?

Dom Juan. – C'est une des grandes erreurs qui soit parmi les hommes.

Sganarelle. – Quoi ? vous ne croyez pas au séné, ni à la casse, ni au vin émétique[6] ?

Dom Juan. – Et pourquoi veux-tu que j'y croie ?

35 **Sganarelle.** – Vous avez l'âme bien mécréante[7]. Cependant vous voyez, depuis un temps, que le vin émétique fait bruire ses fuseaux[8].

---

1. **Entendais** : ici, comprenais.
2. **Soutenir** : défendre.
3. **À l'aventure** : au hasard.
4. **Grimace** : ici, comédie, hypocrisie.
5. **Heureux** : dus à la chance, au hasard.
6. **Séné, casse, vin émétique** : remèdes qui purgent le système digestif.
7. **Mécréante** : qui doute, qui ne croit pas.
8. **Fait bruire ses fuseaux** : fait parler de lui.

Ses miracles ont converti les plus incrédules[1] esprits, et il n'y a pas trois semaines que j'en ai vu, moi qui vous parle, un effet merveilleux.

DOM JUAN. – Et quel ?

SGANARELLE. – Il y avait un homme qui, depuis six jours, était à l'agonie[2] ; on ne savait plus que lui ordonner, et tous les remèdes ne faisaient rien ; on s'avisa[3] à la fin de lui donner de l'émétique.

DOM JUAN. – Il réchappa, n'est-ce pas ?

SGANARELLE. – Non, il mourut.

DOM JUAN. – L'effet est admirable.

SGANARELLE. – Comment ? il y avait six jours entiers qu'il ne pouvait mourir, et cela le fit mourir tout d'un coup. Voulez-vous rien de plus efficace ?

DOM JUAN. – Tu as raison.

SGANARELLE. – Mais laissons là la médecine, où vous ne croyez point, et parlons des autres choses, car cet habit me donne de l'esprit, et je me sens en humeur de disputer contre vous : vous savez bien que vous me permettez les disputes, et que vous ne me défendez que les remontrances.

DOM JUAN. – Eh bien ?

SGANARELLE. – Je veux savoir un peu vos pensées à fond. [Est-il possible que vous ne croyiez point du tout au Ciel ?

DOM JUAN. – Laissons cela.

SGANARELLE. – C'est-à-dire que non. Et à l'Enfer ?

DOM JUAN. – Eh !

---

1. **Incrédules** : sceptiques, qui ne croient pas ; ici, en l'efficacité de la médecine.
2. **À l'agonie** : mourant.
3. **On s'avisa** : on eut l'idée de.

Sganarelle. – Tout de même. Et au diable, s'il vous plaît ?

Dom Juan. – Oui, oui.

Sganarelle. – Aussi peu. Ne croyez-vous point l'autre vie ?

Dom Juan. – Ah ! ah ! ah !

Sganarelle. – Voilà un homme que j'aurai bien de la peine à convertir. Et dites-moi un peu, le Moine-Bourru[1], qu'en croyez-vous, eh !

Dom Juan. – La peste soit du fat[2] !

Sganarelle. – Et voilà ce que je ne puis souffrir, car il n'y a rien de plus vrai que le Moine-Bourru, et je me ferais pendre pour celui-là. Mais encore faut-il croire quelque chose dans le monde : qu'est-ce donc que vous croyez ?

Dom Juan. – Ce que je crois ?

Sganarelle. – Oui.

Dom Juan. – Je crois que deux et deux sont quatre, Sganarelle, et que quatre et quatre sont huit[3].

Sganarelle. – La belle croyance et les beaux articles de foi[4] que voici ! Votre religion, à ce que je vois, est donc l'arithmétique ? Il faut avouer qu'il se met d'étranges folies dans la tête des hommes, et que pour avoir bien étudié on en est bien moins sage le plus souvent. Pour moi, Monsieur, je n'ai point étudié comme vous, Dieu merci, et personne ne saurait se vanter de m'avoir jamais rien appris ; mais avec mon petit sens[5] et mon petit jugement, je vois les choses mieux que tous les livres, et je comprends fort bien que ce monde que

---

1. Le Moine-Bourru : selon une croyance du XVIIe siècle, fantôme qui courait les rues avant Noël et maltraitait les passants.
2. Fat : prétentieux.
3. Cette formule, célèbre chez les libertins, est attribuée à Maurice de Nassau (1567-1625), prince d'Orange, qui l'aurait prononcée en 1625 sur son lit de mort, répondant à un prêtre venu le confesser.
4. Articles de foi : objets d'une croyance religieuse.
5. Sens : bon sens, capacité de bien juger.

nous voyons n'est pas un champignon, qui soit venu tout seul en une nuit. Je voudrais bien vous demander qui a fait ces arbres-là, ces rochers, cette terre, et ce ciel que voilà là-haut, et si tout cela s'est bâti de lui-même. Vous voilà vous, par exemple, vous êtes là : est-ce que vous vous êtes fait tout seul, et n'a-t-il pas fallu que votre père ait engrossé[1] votre mère pour vous faire ? Pouvez-vous voir toutes ces inventions dont la machine de l'homme[2] est composée sans admirer de quelle façon cela est agencé[3] l'un dans l'autre : ces nerfs, ces os, ces veines, ces artères, ces… ce poumon, ce cœur, ce foie, et tous ces autres ingrédients qui sont là, et qui… Ah ! dame, interrompez-moi donc si vous voulez : je ne saurais disputer si l'on ne m'interrompt ; vous vous taisez exprès et me laissez parler par belle malice[4].

Dom Juan. – J'attends que ton raisonnement soit fini.

Sganarelle. – Mon raisonnement est qu'il y a quelque chose d'admirable dans l'homme, quoi que vous puissiez dire, que tous les savants ne sauraient expliquer. Cela n'est-il pas merveilleux que me voilà ici, et que j'aie quelque chose dans la tête qui pense cent choses différentes en un moment, et fait de mon corps tout ce qu'elle veut ? Je veux frapper des mains, hausser le bras, lever les yeux au ciel, baisser la tête, remuer les pieds, aller à droit, à gauche, en avant, en arrière, tourner…

Il se laisse tomber en tournant.

Dom Juan. – Bon ! voilà ton raisonnement qui a le nez cassé.

Sganarelle. – Morbleu[5] ! je suis bien sot de m'amuser à raisonner avec vous. Croyez ce que vous voudrez : il m'importe bien que vous soyez damné[6] !

---

1. **Engrossé** : mis enceinte.
2. **La machine de l'homme** : le corps humain.
3. **Agencé** : organisé.
4. **Malice** : malveillance, moquerie.
5. **Morbleu** : juron exprimant la colère.
6. **Damné** : condamné aux peines de l'Enfer, puni du châtiment éternel.

Dom Juan

110 **Dom Juan.** – Mais tout en raisonnant, je crois que nous sommes égarés[1].][2] Appelle un peu cet homme que voilà là-bas, pour lui demander le chemin.

Sganarelle. – Holà ! ho, l'homme ! ho, mon compère ! ho, l'ami ! un petit mot s'il vous plaît.

Scène 2
Dom Juan, Sganarelle, un pauvre

Sganarelle. – Enseignez-nous un peu le chemin qui mène à la ville.

Le pauvre. – Vous n'avez qu'à suivre cette route, Messieurs, et détourner[3] à main droite quand vous serez au bout de la forêt. Mais je vous donne avis que vous devez vous tenir sur vos gardes, et que depuis
5 quelque temps il y a des voleurs ici autour.

Dom Juan. – Je te suis bien obligé, mon ami, et je te rends grâce de tout mon cœur.

[**Le Pauvre.** – Si vous vouliez, Monsieur, me secourir de quelque aumône[4] ?

10 **Dom Juan.** – Ah ! ah ! ton avis est intéressé, à ce que je vois.

Le Pauvre. – Je suis un pauvre homme, Monsieur, retiré tout seul dans ce bois depuis dix ans, et je ne manquerai pas de prier le Ciel qu'il vous donne toute sorte de biens.

---

1. Égarés: perdus.
2. Le passage entre crochets (l. 56-111) ne figure pas dans l'édition cartonnée, c'est-à-dire censurée, de 1682.
3. Détourner: tourner.
4. Aumône: don fait aux pauvres par charité, qui est une vertu essentielle dans la religion chrétienne.

Acte III, scène 2

Dom Juan. – Eh! prie-le qu'il te donne un habit, sans te mettre en peine des affaires des autres.

Sganarelle. – Vous ne connaissez pas Monsieur, bonhomme; il ne croit qu'en deux et deux sont quatre et en quatre et quatre sont huit.

Dom Juan. – Quelle est ton occupation parmi ces arbres?

Le pauvre. – De prier le Ciel tout le jour pour la prospérité des gens de bien[1] qui me donnent quelque chose.

Dom Juan. – Il ne se peut donc pas que tu ne sois bien à ton aise?

Le Pauvre. – Hélas! Monsieur, je suis dans la plus grande nécessité[2] du monde.

Dom Juan. – Tu te moques: un homme qui prie le Ciel tout le jour ne peut pas manquer d'être bien dans ses affaires.

Le Pauvre. – Je vous assure, Monsieur, que le plus souvent je n'ai pas un morceau de pain à mettre sous les dents.

{**Dom Juan.** – Voilà qui est étrange, et tu es bien mal reconnu de tes soins[3]. Ah! ah! je m'en vais te donner un louis d'or[4] tout à l'heure, pourvu que tu veuilles jurer[5].

Le Pauvre. – Ah! Monsieur, voudriez-vous que je commisse[6] un tel péché?

Dom Juan. – Tu n'as qu'à voir si tu veux gagner un louis d'or ou non. En voici un que je te donne, si tu jures; tiens, il faut jurer.

Le Pauvre. – Monsieur!

---

1. Prospérité: réussite; **gens de bien**: personnes dotées de qualités morales, généreuses, honnêtes.
2. Nécessité: misère.
3. Reconnu de tes soins: récompensé de tes efforts.
4. Louis d'or: pièce de monnaie en or, donc de grande valeur.
5. Jurer: blasphémer, insulter le nom de Dieu. Au XVIIe siècle, le blasphème était condamné par les lois religieuses et par les lois civiles.
6. Que je commisse: que je commette.

Dom Juan. – À moins de cela, tu ne l'auras pas.

Sganarelle. – Va, va, jure un peu, il n'y a pas de mal.

Dom Juan. – Prends, le voilà ; prends, te dis-je, mais jure donc.

Le Pauvre. – Non, Monsieur, j'aime mieux mourir de faim.

40 **Dom Juan**. – Va, va,} je te le donne pour l'amour de l'humanité[1].][2] Mais que vois-je là ? un homme attaqué par trois autres ? La partie est trop inégale, et je ne dois pas souffrir cette lâcheté.

Il court au lieu du combat.

Scène 3
DOM JUAN, DOM CARLOS, SGANARELLE

Sganarelle. – Mon maître est un vrai enragé d'aller se présenter à un péril qui ne le cherche pas ; mais, ma foi ! le secours a servi, et les deux ont fait fuir les trois.

Dom Carlos, *l'épée à la main*. – On voit, par la fuite de ces voleurs,
5 de quel secours est votre bras. Souffrez, Monsieur, que je vous rende grâce d'une action si généreuse, et que…

Dom Juan, *revenant l'épée à la main*. – Je n'ai rien fait, Monsieur, que vous n'eussiez fait en ma place. Notre propre honneur est intéressé[3]

---

1. Humanité : nature humaine (notion chrétienne au XVIIe siècle).
2. Dans l'édition non-cartonnée, c'est-à-dire non censurée, de 1682, le passage entre les accolades (l. 28-40) est remplacé par la réplique suivante : « Je veux te donner un louis d'or et ». Le passage entre crochets (l. 8-40) n'apparaît pas dans l'édition cartonnée, c'est-à-dire censurée, de 1682.
3. Intéressé : en jeu.

Acte III, scène 3

dans de pareilles aventures, et l'action de ces coquins était si lâche que c'eût été y prendre part que de ne s'y pas opposer. Mais par quelle rencontre vous êtes-vous trouvé entre leurs mains ?

Dom Carlos. – Je m'étais par hasard égaré d'un frère et de tous ceux de notre suite ; et comme je cherchais à les rejoindre, j'ai fait rencontre de ces voleurs, qui d'abord ont tué mon cheval, et qui, sans votre valeur, en auraient fait autant de moi.

Dom Juan. – Votre dessein est-il d'aller du côté de la ville ?

Dom Carlos. – Oui, mais sans y vouloir entrer ; et nous nous voyons obligés, mon frère et moi, à tenir la campagne pour une de ces fâcheuses affaires qui réduisent les gentilshommes[1] à se sacrifier, eux et leur famille, à la sévérité de leur honneur, puisque enfin le plus doux succès en est toujours funeste[2], et que, si l'on ne quitte pas la vie, on est contraint de quitter le Royaume[3] ; et c'est en quoi je trouve la condition d'un gentilhomme malheureuse, de ne pouvoir point s'assurer sur toute la prudence et toute l'honnêteté de sa conduite[4], d'être asservi[5] par les lois de l'honneur au dérèglement de la conduite d'autrui, et de voir sa vie, son repos et ses biens dépendre de la fantaisie du premier téméraire[6] qui s'avisera de lui faire une de ces injures pour qui[7] un honnête homme doit périr.

Dom Juan. – On a cet avantage, qu'on fait courir le même risque et passer mal aussi le temps à ceux qui prennent fantaisie de nous venir faire une offense de gaieté de cœur. Mais ne serait-ce point une indiscrétion que de vous demander quelle peut être votre affaire ?

---

1. Gentilshommes : nobles, aristocrates.
2. Doux : agréable, satisfaisant ; **funeste** : malheureux, fatal.
3. Allusion au duel d'honneur envisagé pour réparer l'offense commise. Depuis 1626, plusieurs lois interdisaient les duels, qui étaient sévèrement punis ; ainsi, Dom Carlos et son frère sont contraints de rester à la campagne pour échapper aux sanctions.
4. Ne pouvoir point s'assurer sur toute la prudence et toute l'honnêteté de sa conduite : voir son honneur dépendre d'autres choses que de sa propre conduite.
5. Asservi : dépendant, soumis.
6. Téméraire : imprudent.
7. Pour qui : pour lesquelles.

Dom Juan

Dom Carlos. – La chose en est aux termes[1] de n'en plus faire de secret, et lorsque l'injure a une fois éclaté[2], notre honneur ne va point à vouloir cacher notre honte, mais à faire éclater notre vengeance, et à publier[3] même le dessein que nous en avons. Ainsi, Monsieur, je ne feindrai point de vous dire[4] que l'offense que nous cherchons à venger est une sœur séduite et enlevée d'un couvent, et que l'auteur de cette offense est un Dom Juan Tenorio, fils de Dom Louis Tenorio. Nous le cherchons depuis quelques jours, et nous l'avons suivi ce matin sur le rapport d'un valet qui nous a dit qu'il sortait à cheval, accompagné de quatre ou cinq, et qu'il avait pris le long de cette côte ; mais tous nos soins ont été inutiles, et nous n'avons pu découvrir ce qu'il est devenu.

Dom Juan. – Le connaissez-vous, Monsieur, ce Dom Juan dont vous parlez ?

Dom Carlos. – Non, quant à moi. Je ne l'ai jamais vu, et je l'ai seulement ouï dépeindre à[5] mon frère ; mais la renommée n'en dit pas force bien[6], et c'est un homme dont la vie...

Dom Juan. – Arrêtez, Monsieur, s'il vous plaît. Il est un peu de mes amis, et ce serait à moi une espèce de lâcheté que d'en ouïr dire du mal.

Dom Carlos. – Pour l'amour de vous, Monsieur, je n'en dirai rien du tout, et c'est bien la moindre chose que je vous doive, après m'avoir sauvé la vie, que de me taire devant vous d'une personne que vous connaissez, lorsque je ne puis en parler sans en dire du mal ; mais, quelque ami que vous lui soyez, j'ose espérer que vous

---

1. Aux termes : au point.
2. A une fois éclaté : a été connue de tous.
3. Publier : rendre public.
4. Je ne feindrai point de vous dire : je ne vous cacherai pas.
5. À : par.
6. La renommée n'en dit pas force bien : sa réputation n'en dit pas beaucoup de bien.

n'approuverez pas son action, et ne trouverez pas étrange que nous cherchions d'en prendre la vengeance.

DOM JUAN. – Au contraire, je vous y veux servir, et vous épargner des soins inutiles. Je suis ami de Dom Juan, je ne puis pas m'en empêcher ; mais il n'est pas raisonnable qu'il offense impunément[1] des gentilshommes, et je m'engage à vous faire faire raison[2] par lui.

DOM CARLOS. – Et quelle raison peut-on faire à ces sortes d'injures ?

DOM JUAN. – Toute celle que votre honneur peut souhaiter ; et, sans vous donner la peine de chercher Dom Juan davantage, je m'oblige à le faire trouver au lieu que vous voudrez, et quand il vous plaira.

DOM CARLOS. – Cet espoir est bien doux, Monsieur, à des cœurs offensés ; mais, après ce que je vous dois, ce me serait une trop sensible douleur que vous fussiez de la partie[3].

DOM JUAN. – Je suis si attaché à Dom Juan qu'il ne saurait se battre que je ne me batte aussi ; mais enfin j'en réponds comme de moi-même, et vous n'avez qu'à dire quand vous voulez qu'il paraisse et vous donne satisfaction.

DOM CARLOS. – Que ma destinée est cruelle ! Faut-il que je vous doive la vie, et que Dom Juan soit de vos amis ?

---

1. **Impunément** : sans être puni.
2. **Faire raison** : rendre justice, offrir réparation.
3. **Que vous fussiez de la partie** : que vous soyez engagé dans cette affaire.

Scène 4

Dom Alonse, *et trois Suivants*, Dom Carlos, Dom Juan, Sganarelle

Dom Alonse. – Faites boire là mes chevaux, et qu'on les amène après nous ; je veux un peu marcher à pied. Ô Ciel ! que vois-je ici ! Quoi ? mon frère, vous voilà avec notre ennemi mortel ?

Dom Carlos. – Notre ennemi mortel ?

Dom Juan, *se reculant de trois pas et mettant fièrement la main sur la garde[1] de son épée.* – Oui, je suis Dom Juan moi-même, et l'avantage du nombre ne m'obligera pas à vouloir déguiser mon nom.

Dom Alonse. – Ah ! traître, il faut que tu périsses, et…

Dom Carlos. – Ah ! mon frère, arrêtez. Je lui suis redevable de la vie ; et sans le secours de son bras, j'aurais été tué par des voleurs que j'ai trouvés.

Dom Alonse. – Et voulez-vous que cette considération empêche notre vengeance ? Tous les services que nous rend une main ennemie ne sont d'aucun mérite pour engager notre âme[2] ; et s'il faut mesurer l'obligation à l'injure[3], votre reconnaissance, mon frère, est ici ridicule ; et comme l'honneur est infiniment plus précieux que la vie, c'est ne devoir rien proprement que d'être redevable de la vie à qui nous a ôté l'honneur.

Dom Carlos. – Je sais la différence, mon frère, qu'un gentilhomme doit toujours mettre entre l'un et l'autre, et la reconnaissance de l'obligation[4] n'efface point en moi le ressentiment de l'injure ; mais

---

1. Garde : partie de l'épée qui protège la main.
2. Engager notre âme : nous rendre redevables.
3. Mesurer l'obligation à l'injure : comparer le service rendu (à Dom Carlos) à l'offense faite (à Done Elvire).
4. Obligation : dette.

souffrez que je lui rende ici ce qu'il m'a prêté, que je m'acquitte sur-le-champ de[1] la vie que je lui dois, par un délai de notre vengeance, et lui laisse la liberté de jouir[2], durant quelques jours, du fruit de son bienfait.

DOM ALONSE. – Non, non, c'est hasarder[3] notre vengeance que de la reculer et l'occasion de la prendre peut ne plus revenir. Le Ciel nous l'offre ici, c'est à nous d'en profiter. Lorsque l'honneur est blessé mortellement, on ne doit point songer à garder aucunes mesures ; et si vous répugnez[4] à prêter votre bras à cette action, vous n'avez qu'à vous retirer et laisser à ma main la gloire d'un tel sacrifice.

DOM CARLOS. – De grâce, mon frère…

DOM ALONSE. – Tous ces discours sont superflus : il faut qu'il meure.

DOM CARLOS. – Arrêtez-vous, dis-je, mon frère. Je ne souffrirai point du tout qu'on attaque ses jours[5], et je jure le Ciel que je le défendrai ici contre qui que ce soit, et je saurai lui faire un rempart de cette même vie qu'il a sauvée ; et pour adresser vos coups, il faudra que vous me perciez.

DOM ALONSE. – Quoi ? vous prenez le parti de notre ennemi contre moi ; et loin d'être saisi à son aspect des mêmes transports que je sens, vous faites voir pour lui des sentiments pleins de douceur ?

DOM CARLOS. – Mon frère, montrons de la modération dans une action légitime, et ne vengeons point notre honneur avec cet emportement que vous témoignez. Ayons du cœur[6] dont nous soyons les maîtres, une valeur qui n'ait rien de farouche, et qui se porte aux choses par une pure délibération[7] de notre raison, et non point par

---

1. **Que je m'acquitte […] de** : que je règle, que je paye.
2. **Jouir** : bénéficier.
3. **Hasarder** : rendre incertaine.
4. **Si vous répugnez** : si vous éprouvez du dégoût, si vous êtes réticent.
5. **Ses jours** : sa vie.
6. **Cœur** : courage.
7. **Délibération** : décision mûrement réfléchie.

Dom Juan

le mouvement d'une aveugle colère. Je ne veux point, mon frère, demeurer redevable à mon ennemi, et je lui ai une obligation dont il faut que je m'acquitte avant toute chose. Notre vengeance, pour être différée[1], n'en sera pas moins éclatante : au contraire, elle en tirera de l'avantage ; et cette occasion de l'avoir pu prendre la fera paraître plus juste aux yeux de tout le monde.

Dom Alonse. – Ô l'étrange faiblesse, et l'aveuglement effroyable d'hasarder ainsi les intérêts de son honneur pour la ridicule pensée d'une obligation chimérique !

Dom Carlos. – Non, mon frère, ne vous mettez pas en peine. Si je fais une faute, je saurai bien la réparer, et je me charge de tout le soin de notre honneur ; je sais à quoi il nous oblige, et cette suspension d'un jour, que ma reconnaissance lui demande, ne fera qu'augmenter l'ardeur que j'ai de le satisfaire. Dom Juan, vous voyez que j'ai soin de vous rendre le bien que j'ai reçu de vous, et vous devez par là juger du reste, croire que je m'acquitte avec même chaleur de ce que je dois, et que je ne serais pas moins exact[2] à vous payer l'injure que le bienfait. Je ne veux point vous obliger ici à expliquer vos sentiments, et je vous donne la liberté de penser à loisir aux résolutions[3] que vous avez à prendre. Vous connaissez assez la grandeur de l'offense que vous nous avez faite, et je vous fais juge vous-même des réparations qu'elle demande. Il est des moyens doux pour nous satisfaire ; il en est de violents et de sanglants ; mais enfin, quelque choix que vous fassiez, vous m'avez donné parole de me faire faire raison par Dom Juan : songez à me la faire, je vous prie, et vous ressouvenez[4] que, hors d'ici, je ne dois plus qu'à mon honneur.

Dom Juan. – Je n'ai rien exigé de vous, et vous tiendrai ce que j'ai promis.

---

1. **Pour être différée** : parce qu'elle aura été reportée.
2. **Exact** : appliqué, rigoureux.
3. **Résolutions** : décisions.
4. **Vous ressouvenez** : souvenez-vous.

Acte III, scène 5

Dom Carlos. – Allons, mon frère: un moment de douceur ne fait aucune injure à la sévérité de notre devoir.

Scène 5
Dom Juan, Sganarelle

Dom Juan. – Holà, hé, Sganarelle!

Sganarelle. – Plaît-il?

Dom Juan. – Comment? coquin, tu fuis quand on m'attaque?

Sganarelle. – Pardonnez-moi, Monsieur; je viens seulement d'ici près. Je crois que cet habit est purgatif[1], et que c'est prendre médecine[2] que de le porter.

Dom Juan. – Peste soit l'insolent! Couvre au moins ta poltronnerie[3] d'un voile plus honnête. Sais-tu bien qui est celui à qui j'ai sauvé la vie?

Sganarelle. – Moi? Non.

Dom Juan. – C'est un frère d'Elvire.

Sganarelle. – Un…

Dom Juan. – Il est assez[4] honnête homme, il en a bien usé, et j'ai regret d'avoir démêlé[5] avec lui.

---

1. Purgatif: laxatif, qui a la propriété de vider le contenu de l'intestin.
2. Prendre médecine: comme prendre un médicament.
3. Poltronnerie: lâcheté.
4. Assez: tout à fait.
5. D'avoir démêlé: de m'être querellé.

SGANARELLE. – Il vous serait aisé de pacifier toutes choses.

DOM JUAN. – Oui ; mais ma passion est usée pour Done Elvire, et l'engagement ne compatit point avec mon humeur[1]. J'aime la liberté en amour, tu le sais, et je ne saurais me résoudre à renfermer mon cœur entre quatre murailles. Je te l'ai dit vingt fois, j'ai une pente[2] naturelle à me laisser aller à tout ce qui m'attire. Mon cœur est à toutes les belles, et c'est à elles à le prendre tour à tour et à le garder tant qu'elles le pourront. Mais quel est le superbe édifice que je vois entre ces arbres ?

SGANARELLE. – Vous ne le savez pas ?

DOM JUAN. – Non, vraiment.

SGANARELLE. – Bon ! c'est le tombeau que le Commandeur faisait faire lorsque vous le tuâtes.

DOM JUAN. – Ah ! tu as raison. Je ne savais pas que c'était de ce côté-ci qu'il était. Tout le monde m'a dit des merveilles de cet ouvrage, aussi bien que de la statue du Commandeur, et j'ai envie de l'aller voir.

SGANARELLE. – Monsieur, n'allez point là.

DOM JUAN. – Pourquoi ?

SGANARELLE. – Cela n'est pas civil[3], d'aller voir un homme que vous avez tué.

DOM JUAN. – Au contraire, c'est une visite dont je lui veux faire civilité, et qu'il doit recevoir de bonne grâce, s'il est galant homme. Allons, entrons dedans.

---

1. Ne compatit point avec mon humeur : n'est pas compatible avec mon tempérament.
2. Pente : tendance.
3. Civil : poli, courtois.

Acte III, scène 5

*Le tombeau s'ouvre, où l'on voit
un superbe mausolée[1] et la statue du Commandeur.*

SGANARELLE. – Ah ! que cela est beau ! Les belles statues ! le beau marbre ! les beaux piliers ! Ah ! que cela est beau ! Qu'en dites-vous, Monsieur ?

DOM JUAN. – Qu'on ne peut voir aller plus loin l'ambition d'un homme mort ; et ce que je trouve admirable, c'est qu'un homme qui s'est passé[2], durant sa vie, d'une assez simple demeure, en veuille avoir une si magnifique pour quand il n'en a plus que faire.

SGANARELLE. – Voici la statue du Commandeur.

DOM JUAN. – Parbleu[3] ! le voilà bon, avec son habit d'empereur romain !

SGANARELLE. – Ma foi, Monsieur, voilà qui est bien fait. Il semble qu'il est en vie, et qu'il s'en va parler. Il jette des regards sur nous qui me feraient peur, si j'étais tout seul, et je pense qu'il ne prend pas plaisir de nous voir.

DOM JUAN. – Il aurait tort, et ce serait mal recevoir l'honneur que je lui fais. Demande-lui s'il veut venir souper[4] avec moi.

SGANARELLE. – C'est une chose dont il n'a pas besoin, je crois.

DOM JUAN. – Demande-lui, te dis-je.

SGANARELLE. – Vous moquez-vous ? Ce serait être fou que d'aller parler à une statue.

DOM JUAN. – Fais ce que je te dis.

SGANARELLE. – Quelle bizarrerie ! Seigneur Commandeur… je ris de ma sottise, mais c'est mon maître qui me la fait faire. Seigneur

---

1. Mausolée : monument funéraire richement décoré.
2. Qui s'est passé : qui s'est contenté.
3. Parbleu : juron.
4. Souper : dîner.

Illustration pour *Dom Juan*, gravure, XVIIe siècle.

Acte III, scène 5

Commandeur, mon maître Dom Juan vous demande si vous voulez lui faire l'honneur de venir souper avec lui. *(La Statue baisse la tête.)* Ha !

Dom Juan. – Qu'est-ce ? qu'as-tu ? Dis donc, veux-tu parler ?

Sganarelle *fait le même signe que lui a fait la Statue et baisse la tête.* – La Statue…

Dom Juan. – Eh bien ! que veux-tu dire, traître ?

Sganarelle. – Je vous dis que la Statue…

Dom Juan. – Eh bien ! la Statue ? je t'assomme, si tu ne parles.

Sganarelle. – La Statue m'a fait signe.

Dom Juan. – La peste le coquin !

Sganarelle. – Elle m'a fait signe, vous dis-je : il n'est rien de plus vrai. Allez-vous-en lui parler vous-même pour voir. Peut-être…

Dom Juan. – Viens, maraud[1], viens, je te veux bien faire toucher au doigt ta poltronnerie. Prends garde. Le Seigneur Commandeur voudrait-il venir souper avec moi ?

La Statue baisse encore la tête.

Sganarelle. – Je ne voudrais pas en tenir dix pistoles[2]. Eh bien ! Monsieur ?

Dom Juan. – Allons, sortons d'ici.

Sganarelle. – Voilà de mes esprits forts, qui ne veulent rien croire.

---

1. Maraud: vaurien.
2. En tenir dix pistoles: parier dix pistoles (anciennes pièces de monnaie) sur la venue ou non du Commandeur.

Arrêt sur lecture 3

Pour comprendre l'essentiel

Une série d'aventures

1 Au début de l'acte III, les spectateurs retrouvent Dom Juan et Sganarelle en fuite dans une forêt. Rappelez la raison de cette fuite.

2 Le dynamisme de cet acte repose sur les rebondissements des scènes 3, 4 et 5. Expliquez quelles sont ces péripéties.

3 Les lieux qui composent le décor de l'acte sont propices à l'aventure. Dites pourquoi en expliquant ce que chacun d'eux évoque.

Un acte aux tonalités variées

4 Dans la scène 1, le registre comique domine. Identifiez-en les différentes formes.

5 Les scènes 3 et 4 rappellent des scènes de tragédie. Expliquez pour quelles raisons. Dites à quelles tragédies du XVIIe siècle elles peuvent vous faire penser.

6 La scène 5 relève du registre fantastique. Montrez-le, après avoir rappelé la définition de ce registre en vous aidant d'un dictionnaire ou de votre manuel de français.

Le rejet des croyances et du surnaturel

7 Sans jamais affirmer explicitement qu'il ne croit pas en Dieu, Dom Juan témoigne, par son comportement, de son rejet des croyances religieuses. Montrez-le en vous appuyant sur les deux premières scènes de cet acte.

8 Dans la scène 5, Dom Juan est confronté à la possible existence du surnaturel. Dites si son comportement vous paraît conforme à ses idées matérialistes (les matérialistes expliquent les phénomènes sans recourir à une explication divine ou métaphysique).

9 Dès les premières représentations de la pièce, des religieux l'ont critiquée pour immoralité, s'attaquant notamment au personnage de Sganarelle. Expliquez en quoi son caractère et son comportement dans cet acte ont pu nourrir ces critiques.

> ✔ *Rappelez-vous !*
>
> • Le **théâtre classique** se caractérise par le respect de plusieurs conventions. Parmi celles-ci, la **règle des trois unités** suppose qu'une pièce raconte une seule action, en une seule journée et en un seul lieu. **L'acte III enfreint deux de ces règles**. Dans la dernière scène, la forêt laisse place à un tombeau qui s'ouvre (pas d'unité de lieu). De plus, l'invitation du Commandeur esquisse une intrigue secondaire ; la satire des médecins, la dispute sur l'incroyance, la rencontre avec le pauvre constituent, elles, des intermèdes relativement détachés de l'intrigue principale (pas d'unité d'action).
>
> • Le théâtre classique se reconnaît aussi à l'absence de mélange des genres et des registres. Or **l'acte III mêle les registres comique et tragique et introduit le fantastique**. Cette hétérogénéité rapproche *Dom Juan* du **théâtre baroque**, antérieur au classicisme, et plus particulièrement du genre de la tragi-comédie (voir fiche 9, p. 139-140).

Vers l'oral du Bac

Analyse de la scène 2 de l'acte III, p. 66-68

> → **Analyser le comportement ambigu de Dom Juan dans cette scène**

🎤 Conseils pour la lecture à voix haute

– Variez le ton à chaque fois que Dom Juan demande au pauvre de jurer.
– Vous pouvez choisir une interprétation pour le personnage du pauvre : utilise-t-il le ton mielleux des hypocrites ? est-il au contraire franc et sincère ?
– Faites sentir le décalage sur lequel reposent les répliques de Sganarelle.

📝 Analyse du texte

■ Introduction rédigée

Dès la première scène de la pièce, le valet Sganarelle a présenté son maître comme « un Hérétique, qui ne croit ni Ciel, ni saint, ni Dieu, ni loup-garou » (p. 13). Interrogé sur ses croyances par son valet dans la première scène de l'acte III, Dom Juan a répondu : « je crois que deux et deux sont quatre, Sganarelle, et que quatre et quatre sont huit » (p. 64). Dans l'extrait suivant, à la scène 2, Dom Juan met son incroyance en pratique en demandant à un pauvre de « jurer », c'est-à-dire de blasphémer, d'insulter le nom de Dieu. Bien que cette scène montre donc l'absence de scrupules de Dom Juan, elle donne toutefois une image plus nuancée du personnage. En effet, dans cette scène de confrontation entre un pauvre religieux et un riche impie, Dom Juan joue d'abord le rôle diabolique du tentateur, mais la fin de la scène est plus équivoque.

■ *Analyse guidée*

I. Une scène de confrontation

a. Dom Juan et le pauvre n'appartiennent pas au même milieu social. Relevez les marques de cette inégalité.

b. Leur confrontation porte sur la religion. Indiquez quels sont les indices de l'attachement du pauvre à la religion et expliquez ce que Dom Juan cherche à prouver en demandant au pauvre de jurer.

c. Alors que Dom Juan a plusieurs fois fait la preuve de son éloquence au cours de la pièce, il semble ici mis en difficulté par le pauvre. Montrez-le en vous appuyant sur le volume des répliques des deux personnages et sur la progression de la scène.

II. Une scène de tentation

a. Dom Juan adopte le rôle du tentateur. Relevez les répliques dans lesquelles il demande au pauvre de jurer. Expliquez quelle figure biblique rappelle ici Dom Juan en faisant une recherche sur l'épisode de la tentation de Jésus-Christ au désert, extrait du Nouveau Testament.

b. Le pauvre peut rappeler des figures importantes du christianisme. À l'aide de la liste des personnages de la pièce (p. 9), trouvez à qui peut faire penser le nom qui lui est donné. Plus généralement, cherchez ce que représente la figure du pauvre dans la religion catholique.

c. Cette scène a été censurée entièrement ou en partie lors des représentations de la pièce, en 1665, et dans les différentes éditions parues en 1682 et 1683. À l'aide des notes de bas de page, repérez les passages censurés et expliquez les raisons de cette censure selon vous.

III. Une fin ambivalente

a. Dom Juan donne finalement la pièce d'or au pauvre. Dites si vous interprétez ce geste comme une défaite ou plutôt comme un acte généreux.

b. Dom Juan détourne l'expression courante « pour l'amour de Dieu », qui signifie « dans la seule intention de plaire à Dieu ». Relevez l'expression qu'il emploie à la place et qualifiez son attitude.

c. À la fin de la scène, Dom Juan s'élance au secours d'un homme attaqué. Relisez sa dernière réplique et la didascalie (l. 40-42) et dites quel type de comportement elles illustrent.

■ *Conclusion rédigée*

À l'issue de cette scène, les spectateurs ont donc la preuve que Dom Juan est non seulement un libertin de mœurs mais aussi un libertin de pensée, qui conteste les croyances religieuses de son époque et même l'existence de Dieu. Dans ce passage, il veut donner la preuve de l'hypocrisie religieuse et, à cette fin, il n'hésite pas à endosser un rôle diabolique, ce qui explique en grande partie pourquoi cette scène a été censurée au XVIIe siècle. Dans la suite de la pièce, Dom Juan continue de défier Dieu, ou plutôt de refuser l'idée d'une puissance surnaturelle, en s'appuyant sur des principes matérialistes et rationalistes. Son attitude face à la Statue du Commandeur en est la preuve.

💬 *Les trois questions de l'examinateur*

Question 1. Comme en témoigne la censure dont elle a fait l'objet, cette scène a scandalisé une partie des spectateurs du XVIIe siècle. Pensez-vous que ce passage puisse encore choquer aujourd'hui ?

Question 2. [Lecture d'images] Observez les photographies tirées de la mise en scène de Jean-Pierre Vincent reproduites en page I du cahier photos. Comment le metteur en scène a-t-il souligné l'incroyance et l'impiété de Dom Juan ? Soyez notamment attentif(-ve) aux gestes et à l'attitude du personnage, aux accessoires.

Question 3. *Dom Juan* n'est pas la seule pièce de Molière qui ait été censurée. En connaissez-vous une autre ?

ACTE IV[1]

Scène 1
Dom Juan, Sganarelle

Dom Juan. – Quoi qu'il en soit, laissons cela : c'est une bagatelle[2], et nous pouvons avoir été trompés par un faux jour, ou surpris de quelque vapeur qui nous ait troublé la vue.

Sganarelle. – Eh! Monsieur, ne cherchez point à démentir ce que nous avons vu des yeux que voilà. Il n'est rien de plus véritable que ce signe de tête ; et je ne doute point que le Ciel, scandalisé de votre vie, n'ait produit ce miracle pour vous convaincre, et pour vous retirer de…

Dom Juan. – Écoute. Si tu m'importunes[3] davantage de tes sottes moralités, si tu me dis encore le moindre mot là-dessus, je vais appeler quelqu'un, demander un nerf de bœuf[4], te faire tenir par trois ou quatre, et te rouer[5] de mille coups. M'entends-tu bien ?

Sganarelle. – Fort bien, Monsieur, le mieux du monde. Vous vous expliquez clairement ; c'est ce qu'il y a de bon en vous, que vous

---

1. Dans le contrat passé avec les peintres (voir note 1, p. 11), le décor prévu pour l'acte IV est le suivant : « Une chambre ».
2. Bagatelle : chose sans importance.
3. Si tu m'importunes : si tu me déranges, si tu m'exaspères.
4. Nerf de bœuf : fouet.
5. Rouer : battre violemment.

Dom Juan

15 n'allez point chercher de détours : vous dites les choses avec une netteté admirable.

Dom Juan. – Allons, qu'on me fasse souper le plus tôt que l'on pourra. Une chaise, petit garçon.

Scène 2
Dom Juan, La Violette, Sganarelle

La Violette. – Monsieur, voilà votre marchand, M. Dimanche, qui demande à vous parler.

Sganarelle. – Bon, voilà ce qu'il nous faut, qu'un compliment de créancier[1]. De quoi s'avise-t-il de nous venir demander de l'argent,
5 et que ne lui disais-tu que Monsieur n'y est pas ?

La Violette. – Il y a trois quarts d'heure que je lui dis ; mais il ne veut pas le croire, et s'est assis là-dedans pour attendre.

Sganarelle. – Qu'il attende, tant qu'il voudra.

Dom Juan. – Non, au contraire, faites-le entrer. C'est une fort mau-
10 vaise politique que de se faire celer[2] aux créanciers. Il est bon de les payer de quelque chose, et j'ai le secret de les renvoyer satisfaits sans leur donner un double.

---

1. Créancier : personne à qui on doit de l'argent.
2. Celer : cacher.

Scène 3
Dom Juan, M. Dimanche, Sganarelle, Suite

Dom Juan, *faisant de grandes civilités.* – Ah ! Monsieur Dimanche, approchez. Que je suis ravi de vous voir, et que je veux de mal à mes gens de ne vous pas faire entrer d'abord[1] ! J'avais donné ordre qu'on ne me fît parler personne ; mais cet ordre n'est pas pour vous, et vous êtes en droit de ne trouver jamais de porte fermée chez moi.

M. Dimanche. – Monsieur, je vous suis fort obligé.

Dom Juan, *parlant à ses laquais.* – Parbleu ! coquins, je vous apprendrai à laisser M. Dimanche dans une antichambre[2], et je vous ferai connaître les gens.

M. Dimanche. – Monsieur, cela n'est rien.

Dom Juan. – Comment ? vous dire que je n'y suis pas, à M. Dimanche, au meilleur de mes amis ?

M. Dimanche. – Monsieur, je suis votre serviteur[3]. J'étais venu…

Dom Juan. – Allons vite, un siège pour M. Dimanche.

M. Dimanche. – Monsieur, je suis bien comme cela.

Dom Juan. – Point, point, je veux que vous soyez assis contre moi[4].

M. Dimanche. – Cela n'est point nécessaire.

Dom Juan. – Ôtez ce pliant[5], et apportez un fauteuil.

M. Dimanche. – Monsieur, vous vous moquez, et…

---

1. **D'abord** : immédiatement.
2. **Antichambre** : pièce d'entrée d'un logement.
3. **Je suis votre serviteur** : formule de politesse signifiant « je vous remercie ».
4. **Contre moi** : près de moi.
5. **Pliant** : siège pliant (réservé aux visiteurs de rang inférieur, par opposition au fauteuil).

Dom Juan

20 **Dom Juan.** – Non, non, je sais ce que je vous dois, et je ne veux point qu'on mette de différence entre nous deux.

M. Dimanche. – Monsieur…

Dom Juan. – Allons, asseyez-vous.

M. Dimanche. – Il n'est pas besoin, Monsieur, et je n'ai qu'un mot
25 à vous dire. J'étais…

Dom Juan. – Mettez-vous là, vous dis-je.

M. Dimanche. – Non, Monsieur, je suis bien. Je viens pour…

Dom Juan. – Non, je ne vous écoute point si vous n'êtes assis.

M. Dimanche. – Monsieur, je fais ce que vous voulez. Je…

30 **Dom Juan.** – Parbleu ! Monsieur Dimanche, vous vous portez bien.

M. Dimanche. – Oui, Monsieur, pour vous rendre service. Je suis venu…

Dom Juan. – Vous avez un fonds de santé admirable, des lèvres fraîches, un teint vermeil[1], et des yeux vifs.

35 **M. Dimanche.** – Je voudrais bien…

Dom Juan. – Comment se porte Mme Dimanche, votre épouse ?

M. Dimanche. – Fort bien, Monsieur, Dieu merci.

Dom Juan. – C'est une brave femme.

M. Dimanche. – Elle est votre servante, Monsieur. Je venais…

40 **Dom Juan.** – Et votre petite fille Claudine, comment se porte-t-elle ?

M. Dimanche. – Le mieux du monde.

Dom Juan. – La jolie petite fille que c'est ! je l'aime de tout mon cœur.

---

1. Vermeil : ici, éclatant.

Acte IV, scène 3

M. Dimanche. – C'est trop d'honneur que vous lui faites, Monsieur. Je vous…

Dom Juan. – Et le petit Colin, fait-il toujours bien du bruit avec son tambour ?

M. Dimanche. – Toujours de même, Monsieur. Je…

Dom Juan. – Et votre petit chien Brusquet ? gronde-t-il toujours aussi fort, et mord-il toujours bien aux jambes les gens qui vont chez vous ?

M. Dimanche. – Plus que jamais, Monsieur, et nous ne saurions en chevir[1].

Dom Juan. – Ne vous étonnez pas si je m'informe des nouvelles de toute la famille, car j'y prends beaucoup d'intérêt.

M. Dimanche. – Nous vous sommes, Monsieur, infiniment obligés. Je…

Dom Juan, *lui tendant la main*. – Touchez donc là, Monsieur Dimanche. Êtes-vous bien de mes amis ?

M. Dimanche. – Monsieur, je suis votre serviteur.

Dom Juan. – Parbleu ! je suis à vous de tout mon cœur.

M. Dimanche. – Vous m'honorez trop. Je…

Dom Juan. – Il n'y a rien que je ne fisse pour vous.

M. Dimanche. – Monsieur, vous avez trop de bonté pour moi.

Dom Juan. – Et cela sans intérêt[2], je vous prie de le croire.

M. Dimanche. – Je n'ai point mérité cette grâce assurément. Mais, Monsieur…

Dom Juan. – Oh ! çà, Monsieur Dimanche, sans façon, voulez-vous souper avec moi ?

---

1. En chevir : le maîtriser.
2. Sans intérêt : sans être intéressé, sans arrière-pensée.

M. Dimanche. – Non, Monsieur, il faut que je m'en retourne tout à l'heure. Je…

Dom Juan, *se levant.* – Allons, vite un flambeau pour conduire M. Dimanche et que quatre ou cinq de mes gens prennent des mousquetons pour l'escorter[1].

M. Dimanche, *se levant de même.* – Monsieur, il n'est pas nécessaire, et je m'en irai bien tout seul. Mais…

Sganarelle ôte les sièges promptement.

Dom Juan. – Comment? Je veux qu'on vous escorte, et je m'intéresse trop à votre personne. Je suis votre serviteur, et de plus votre débiteur[2].

M. Dimanche. – Ah! Monsieur…

Dom Juan. – C'est une chose que je ne cache pas, et je le dis à tout le monde.

M. Dimanche. – Si…

Dom Juan. – Voulez-vous que je vous reconduise?

M. Dimanche. – Ah! Monsieur, vous vous moquez, Monsieur…

Dom Juan. – Embrassez-moi[3] donc, s'il vous plaît. Je vous prie encore une fois d'être persuadé que je suis tout à vous, et qu'il n'y a rien au monde que je ne fisse pour votre service. *(Il sort.)*

Sganarelle. – Il faut avouer que vous avez en Monsieur un homme qui vous aime bien.

M. Dimanche. – Il est vrai; il me fait tant de civilités et tant de compliments que je ne saurais jamais lui demander de l'argent.

---

1. Mousquetons: petits fusils; **l'escorter**: le protéger, l'accompagner.
2. Débiteur: personne qui doit de l'argent à une autre.
3. Embrassez-moi: prenons-nous dans les bras (geste inhabituel entre personnes de condition sociale différente).

Acte IV, scène 3

90 **SGANARELLE**. – Je vous assure que toute sa maison[1] périrait pour vous; et je voudrais qu'il vous arrivât quelque chose, que quelqu'un s'avisât de vous donner des coups de bâton; vous verriez de quelle manière…

M. DIMANCHE. – Je le crois; mais, Sganarelle, je vous prie de lui dire
95 un petit mot de mon argent.

SGANARELLE. – Oh! ne vous mettez pas en peine, il vous payera le mieux du monde.

M. DIMANCHE. – Mais vous, Sganarelle, vous me devez quelque chose en votre particulier[2].

100 **SGANARELLE**. – Fi[3]! ne parlez pas de cela.

M. DIMANCHE. – Comment? Je…

SGANARELLE. – Ne sais-je pas bien que je vous dois?

M. DIMANCHE. – Oui, mais…

SGANARELLE. – Allons, Monsieur Dimanche, je vais vous éclairer.

105 **M. DIMANCHE**. – Mais mon argent…

SGANARELLE, *prenant M. Dimanche par le bras*. – Vous moquez-vous?

M. DIMANCHE. – Je veux…

SGANARELLE, *le tirant*. – Eh!

M. DIMANCHE. – J'entends…

110 **SGANARELLE**, *le poussant*. – Bagatelles.

M. DIMANCHE. – Mais…

---

1. Maison: ensemble des personnes qui vivent sous le même toit (famille et domestiques).
2. En votre particulier: de votre côté, vous-même.
3. Fi: interjection exprimant le mépris ou l'indignation.

Dom Juan

SGANARELLE, *le poussant.* – Fi !

M. DIMANCHE. – Je…

SGANARELLE, *le poussant tout à fait hors du théâtre.* – Fi ! vous dis-je.

Scène 4
DOM LOUIS, DOM JUAN, LA VIOLETTE, SGANARELLE

LA VIOLETTE. – Monsieur, voilà Monsieur votre père.

DOM JUAN. – Ah ! me voici bien : il me fallait cette visite pour me faire enrager.

DOM LOUIS. – Je vois bien que je vous embarrasse et que vous vous passeriez fort aisément de ma venue. À dire vrai, nous nous incommodons étrangement[1] l'un et l'autre ; et si vous êtes las[2] de me voir, je suis bien las aussi de vos déportements[3]. Hélas ! que nous savons peu ce que nous faisons quand nous ne laissons pas au Ciel le soin des choses qu'il nous faut, quand nous voulons être plus avisés[4] que lui, et que nous venons à l'importuner par nos souhaits aveugles et nos demandes inconsidérées ! J'ai souhaité un fils avec des ardeurs nonpareilles[5] ; je l'ai demandé sans relâche avec des transports incroyables ; et ce fils, que j'obtiens en fatiguant le Ciel de vœux, est le chagrin et le supplice[6] de cette vie même dont je

---

1. Nous nous incommodons étrangement : nous nous dérangeons beaucoup.
2. Las : lassé, ennuyé.
3. Déportements : mauvais comportements.
4. Avisés : sensés, intelligents.
5. Nonpareilles : sans égales.
6. Supplice : torture, cause d'une vive souffrance.

croyais qu'il devait être la joie et la consolation. De quel œil, à votre avis, pensez-vous que je puisse voir cet amas d'actions indignes, dont on a peine, aux yeux du monde, d'adoucir le mauvais visage[1], cette suite continuelle de méchantes affaires, qui nous réduisent, à toutes heures, à lasser les bontés du Souverain, et qui ont épuisé auprès de lui le mérite de mes services et le crédit de mes amis[2] ? Ah! quelle bassesse est la vôtre! Ne rougissez-vous point de mériter si peu votre naissance? Êtes-vous en droit, dites-moi, d'en tirer quelque vanité[3] ? Et qu'avez-vous fait dans le monde pour être gentilhomme? Croyez-vous qu'il suffise d'en porter le nom et les armes[4], et que ce nous soit une gloire d'être sorti d'un sang noble lorsque nous vivons en infâmes[5] ? Non, non, la naissance n'est rien où la vertu n'est pas. Aussi nous n'avons part à la gloire de nos ancêtres qu'autant que nous nous efforçons de leur ressembler; et cet éclat de leurs actions qu'ils répandent sur nous nous impose un engagement de leur faire le même honneur, de suivre les pas qu'ils nous tracent, et de ne point dégénérer de[6] leurs vertus, si nous voulons être estimés[7] leurs véritables descendants. Ainsi vous descendez en vain des aïeux dont vous êtes né : ils vous désavouent pour leur sang[8], et tout ce qu'ils ont fait d'illustre ne vous donne aucun avantage; au contraire, l'éclat n'en rejaillit sur vous qu'à votre déshonneur, et leur gloire est un flambeau qui éclaire aux yeux d'un chacun la honte de vos actions. Apprenez enfin qu'un gentilhomme qui vit mal est un monstre dans la nature, que la vertu est le premier titre de noblesse, que je regarde bien moins au nom qu'on signe qu'aux actions qu'on fait, et que je ferais plus d'état[9] du fils d'un

---

1. **Le mauvais visage** : la mauvaise image.
2. **Le mérite de mes services et le crédit de mes amis** : la reconnaissance qu'il avait pour les services que je lui ai rendus et la confiance qu'il accordait à mes amis.
3. **Vanité** : prétention, fierté.
4. **Armes** : emblèmes d'une famille noble.
5. **En infâmes** : comme des personnes méprisables.
6. **Dégénérer de** : corrompre, dégrader.
7. **Être estimés** : être considérés comme.
8. **Ils vous désavouent pour leur sang** : ils vous renient en tant que descendance.
9. **Je ferais plus d'état de** : j'aurais plus de considération pour.

crocheteur¹ qui serait honnête homme que du fils d'un monarque qui vivrait comme vous.

Dom Juan. – Monsieur, si vous étiez assis, vous en seriez mieux pour parler.

Dom Louis. – Non, insolent, je ne veux point m'asseoir, ni parler davantage, et je vois bien que toutes mes paroles ne font rien sur ton âme. Mais sache, fils indigne, que la tendresse paternelle est poussée à bout par tes actions, que je saurai, plus tôt que tu ne penses, mettre une borne² à tes dérèglements, prévenir sur toi³ le courroux du Ciel, et laver par ta punition la honte de t'avoir fait naître. *(Il sort.)*

Scène 5
Dom Juan, Sganarelle

Dom Juan. – Eh! mourez le plus tôt que vous pourrez, c'est le mieux que vous puissiez faire. Il faut que chacun ait son tour, et j'enrage de voir des pères qui vivent autant que leurs fils⁴. *(Il se met dans son fauteuil.)*

Sganarelle. – Ah! Monsieur, vous avez tort.

Dom Juan. – J'ai tort?

---

1. Crocheteur: personne dont le métier est de porter des fardeaux (à l'aide de crochets).
2. Borne: limite.
3. Prévenir sur toi: devancer.
4. En souhaitant la mort de son père, Dom Juan enfreint l'un des dix commandements de l'Ancien Testament, « Père et mère tu honoreras ».

SGANARELLE. – Monsieur…

DOM **J**UAN *se lève de son siège.* – J'ai tort?

SGANARELLE. – Oui, Monsieur, vous avez tort d'avoir souffert ce qu'il vous a dit, et vous le deviez mettre dehors par les épaules. A-t-on jamais rien vu de plus impertinent? Un père venir faire des remontrances à son fils, et lui dire de corriger ses actions, de se ressouvenir de sa naissance, de mener une vie d'honnête homme, et cent autres sottises de pareille nature! Cela se peut-il souffrir à un homme comme vous, qui savez comme il faut vivre? J'admire votre patience; et si j'avais été en votre place, je l'aurais envoyé promener. Ô complaisance[1] maudite! à quoi me réduis-tu?

DOM **J**UAN. – Me fera-t-on souper bientôt?

Scène 6
DOM JUAN, DONE ELVIRE, RAGOTIN, SGANARELLE

RAGOTIN. – Monsieur, voici une dame voilée qui vient vous parler.

DOM **J**UAN. – Que pourrait-ce être?

SGANARELLE. – Il faut voir.

DONE **E**LVIRE. – Ne soyez point surpris, Dom Juan, de me voir à cette heure et dans cet équipage. C'est un motif pressant qui m'oblige à cette visite, et ce que j'ai à vous dire ne veut point du tout de retardement. Je ne viens point ici pleine de ce courroux que j'ai tantôt fait éclater, et vous me voyez bien changée de ce que j'étais

---

1. **Complaisance**: désir de plaire, caractère arrangeant.

ce matin. Ce n'est plus cette Done Elvire qui faisait des vœux contre vous, et dont l'âme irritée ne jetait que menaces et ne respirait que vengeance. Le Ciel a banni de mon âme toutes ces indignes ardeurs que je sentais pour vous, tous ces transports tumultueux d'un attachement criminel, tous ces honteux emportements d'un amour terrestre[1] et grossier ; et il n'a laissé dans mon cœur pour vous qu'une flamme épurée de tout le commerce des sens[2], une tendresse toute sainte, un amour détaché de tout, qui n'agit point pour soi, et ne se met en peine que de votre intérêt.

Dom Juan, *à Sganarelle.* – Tu pleures, je pense.

Sganarelle. – Pardonnez-moi.

Done Elvire. – C'est ce parfait et pur amour qui me conduit ici pour votre bien, pour vous faire part d'un avis du Ciel, et tâcher de vous retirer du précipice où vous courez. Oui, Dom Juan, je sais tous les dérèglements de votre vie, et ce même Ciel, qui m'a touché le cœur et fait jeter les yeux sur les égarements de ma conduite, m'a inspiré de vous venir trouver, et de vous dire, de sa part, que vos offenses ont épuisé sa miséricorde[3], que sa colère redoutable est prête de tomber sur vous, qu'il est en vous de l'éviter par un prompt repentir, et que peut-être vous n'avez pas encore un jour à vous pouvoir soustraire au plus grand de tous les malheurs. Pour moi, je ne tiens plus à vous par aucun attachement du monde ; je suis revenue, grâces au Ciel, de toutes mes folles pensées ; ma retraite[4] est résolue, et je ne demande qu'assez de vie pour pouvoir expier[5] la faute que j'ai faite, et mériter, par une austère pénitence[6], le pardon de l'aveuglement où m'ont plongée les transports d'une passion condamnable. Mais, dans cette retraite, j'aurais une douleur extrême

---

1. Terrestre : humain, charnel, par opposition à l'amour céleste.
2. Une flamme épurée de tout le commerce des sens : un amour libéré de tout désir physique.
3. Miséricorde : pardon divin.
4. Retraite : entrée au couvent.
5. Expier : réparer une faute en s'infligeant à soi-même une peine (terme religieux).
6. Austère pénitence : punition sévère (terme religieux).

qu'une personne que j'ai chérie tendrement devînt un exemple funeste de la justice du Ciel; et ce me sera une joie incroyable si je puis vous porter à détourner de dessus votre tête l'épouvantable coup qui vous menace. De grâce, Dom Juan, accordez-moi, pour dernière faveur, cette douce consolation; ne me refusez point votre salut[1], que je vous demande avec larmes; et si vous n'êtes point touché de votre intérêt, soyez-le au moins de mes prières, et m'épargnez le cruel déplaisir de vous voir condamner à des supplices éternels.

SGANARELLE. – Pauvre femme!

DONE ELVIRE. – Je vous ai aimé avec une tendresse extrême, rien au monde ne m'a été si cher que vous; j'ai oublié mon devoir pour vous, j'ai fait toutes choses pour vous; et toute la récompense que je vous en demande, c'est de corriger votre vie, et de prévenir votre perte. Sauvez-vous, je vous prie, ou pour l'amour de vous, ou pour l'amour de moi. Encore une fois, Dom Juan, je vous le demande avec larmes; et si ce n'est assez des larmes d'une personne que vous avez aimée, je vous en conjure[2] par tout ce qui est le plus capable de vous toucher.

SGANARELLE. – Cœur de tigre!

DONE ELVIRE. – Je m'en vais, après ce discours, et voilà tout ce que j'avais à vous dire.

DOM JUAN. – Madame, il est tard, demeurez ici: on vous y logera le mieux qu'on pourra.

DONE ELVIRE. – Non, Dom Juan, ne me retenez pas davantage.

DOM JUAN. – Madame, vous me ferez plaisir de demeurer, je vous assure.

---

1. Salut: fait d'être sauvé (terme religieux).
2. Je vous en conjure: je vous en supplie.

DONE ELVIRE. – Non, vous dis-je, ne perdons point de temps en discours superflus. Laissez-moi vite aller, ne faites aucune instance[1] pour me conduire, et songez seulement à profiter de mon avis.

Scène 7
DOM JUAN, SGANARELLE, SUITE

DOM JUAN. – Sais-tu bien que j'ai encore senti quelque peu d'émotion pour elle, que j'ai trouvé de l'agrément[2] dans cette nouveauté bizarre, et que son habit négligé[3], son air languissant[4] et ses larmes ont réveillé en moi quelques petits restes d'un feu éteint ?

SGANARELLE. – C'est-à-dire que ses paroles n'ont fait aucun effet sur vous.

DOM JUAN. – Vite à souper.

SGANARELLE. – Fort bien.

DOM JUAN, *se mettant à table.* – Sganarelle, il faut songer à s'amender[5] pourtant.

SGANARELLE. – Oui dea[6] !

DOM JUAN. – Oui, ma foi ! il faut s'amender ; encore vingt ou trente ans de cette vie-ci, et puis nous songerons à nous.

---

1. **Ne faites aucune instance** : n'insistez pas.
2. **Agrément** : plaisir.
3. **Négligé** : peu soigné, sans coquetterie apparente.
4. **Languissant** : épuisé et mélancolique.
5. **S'amender** : se corriger.
6. **Oui dea** : oui vraiment (formule d'insistance).

SGANARELLE. – Oh!

DOM JUAN. – Qu'en dis-tu?

SGANARELLE. – Rien. Voilà le souper.

> *Il prend un morceau d'un des plats qu'on apporte et le met dans sa bouche.*

DOM JUAN. – Il me semble que tu as la joue enflée; qu'est-ce que c'est? Parle donc, qu'as-tu là?

SGANARELLE. – Rien.

DOM JUAN. – Montre un peu. Parbleu! c'est une fluxion[1] qui lui est tombée sur la joue. Vite une lancette[2] pour percer cela. Le pauvre garçon n'en peut plus, et cet abcès le pourrait étouffer. Attends: voyez comme il était mûr. Ah! coquin que vous êtes!

SGANARELLE. – Ma foi! Monsieur, je voulais voir si votre cuisinier n'avait point mis trop de sel ou trop de poivre.

DOM JUAN. – Allons, mets-toi là, et mange. J'ai affaire de toi[3] quand j'aurai soupé. Tu as faim à ce que je vois.

SGANARELLE *se met à table.* – Je le crois bien, Monsieur: je n'ai point mangé depuis ce matin. Tâtez de cela, voilà qui est le meilleur du monde.

> *Un laquais ôte les assiettes de Sganarelle d'abord qu'il y a dessus à manger.*

Mon assiette, mon assiette! tout doux, s'il vous plaît. Vertubleu[4]! petit compère, que vous êtes habile à donner des assiettes nettes! et vous, petit la Violette, que vous savez présenter à boire à propos!

---

1. Fluxion: inflammation.
2. Lancette: instrument chirurgical utilisé pour pratiquer des incisions.
3. J'ai affaire de toi: j'aurai besoin de toi.
4. Vertubleu: juron.

Moreau le Jeune, illustration pour *Dom Juan*, gravure, XVIIIe siècle.

*Pendant qu'un laquais donne à boire à Sganarelle,
l'autre laquais ôte encore son assiette.*

Dom Juan. – Qui peut frapper de cette sorte ?

Sganarelle. – Qui diable nous vient troubler dans notre repas ?

Dom Juan. – Je veux souper en repos au moins, et qu'on ne laisse entrer personne.

Sganarelle. – Laissez-moi faire, je m'y en vais moi-même.

Dom Juan. – Qu'est-ce donc ? Qu'y a-t-il ?

Sganarelle, *baissant la tête comme a fait la Statue.* – Le… qui est là !

Dom Juan. – Allons voir, et montrons que rien ne me saurait ébranler[1].

Sganarelle. – Ah ! pauvre Sganarelle, où te cacheras-tu ?

Scène 8
**Dom Juan, La Statue
du Commandeur,** *qui vient se mettre à table,*
Sganarelle, Suite

Dom Juan. – Une chaise et un couvert, vite donc. *(À Sganarelle.)* Allons, mets-toi à table.

Sganarelle. – Monsieur, je n'ai plus de faim.

---

1. Ébranler : faire trembler.

Dom Juan. – Mets-toi là, te dis-je. À boire. À la santé du Commandeur : je te la porte[1], Sganarelle. Qu'on lui donne du vin.

Sganarelle. – Monsieur, je n'ai pas soif.

Dom Juan. – Bois, et chante ta chanson, pour régaler le Commandeur.

Sganarelle. – Je suis enrhumé, Monsieur.

Dom Juan. – Il n'importe. Allons. Vous autres, venez, accompagnez sa voix.

La Statue. – Dom Juan, c'est assez. Je vous invite à venir demain souper avec moi. En aurez-vous le courage ?

Dom Juan. – Oui, j'irai, accompagné du seul Sganarelle.

Sganarelle. – Je vous rends grâce, il est demain jeûne[2] pour moi.

Dom Juan, *à Sganarelle*. – Prends ce flambeau.

La Statue. – On n'a pas besoin de lumière, quand on est conduit par le Ciel.

---

1. Je te la porte : à ta santé.
2. Il est demain jeûne : demain est jour de jeûne, c'est-à-dire de privation de nourriture (le jeûne est une pratique religieuse).

ACTE V[1]

Scène 1
DOM LOUIS, DOM JUAN, SGANARELLE

DOM LOUIS. – Quoi ? mon fils, serait-il possible que la bonté du Ciel eût exaucé mes vœux ? Ce que vous me dites est-il bien vrai ? ne m'abusez-vous point d'un faux espoir, et puis-je prendre quelque assurance sur[2] la nouveauté surprenante d'une telle conversion[3] ?

DOM JUAN, *faisant l'hypocrite*. – Oui, vous me voyez revenu de toutes mes erreurs ; je ne suis plus le même d'hier au soir, et le Ciel tout d'un coup a fait en moi un changement qui va surprendre tout le monde : il a touché mon âme et dessillé[4] mes yeux, et je regarde avec horreur le long aveuglement où j'ai été, et les désordres criminels de la vie que j'ai menée. J'en repasse dans mon esprit toutes les abominations[5], et m'étonne comme le Ciel les a pu souffrir si longtemps, et n'a pas vingt fois sur ma tête laissé tomber les coups de sa justice redoutable. Je vois les grâces que sa bonté m'a faites en ne me punissant point de mes crimes ; et je prétends en profiter comme je dois, faire éclater aux yeux du monde un soudain chan-

---

1. Dans le contrat passé avec les peintres (voir note 1, p. 11), le décor prévu pour l'acte V est le suivant : « Une ville ».
2. Prendre quelque assurance sur : me fier à.
3. Conversion : changement d'attitude morale, adhésion à une croyance.
4. Dessillé : ouvert.
5. Abominations : actions horribles.

gement de vie, réparer par-là le scandale[1] de mes actions passées, et m'efforcer d'en obtenir du Ciel une pleine rémission[2]. C'est à quoi je vais travailler ; et je vous prie, Monsieur, de vouloir bien contribuer à ce dessein, et de m'aider vous-même à faire choix d'une personne qui me serve de guide, et sous la conduite de qui je puisse marcher sûrement dans le chemin où je m'en vais entrer.

Dom Louis. – Ah ! mon fils, que la tendresse d'un père est aisément rappelée, et que les offenses d'un fils s'évanouissent vite au moindre mot de repentir ! Je ne me souviens plus déjà de tous les déplaisirs que vous m'avez donnés, et tout est effacé par les paroles que vous venez de me faire entendre. Je ne me sens pas[3], je l'avoue ; je jette des larmes de joie ; tous mes vœux sont satisfaits, et je n'ai plus rien désormais à demander au Ciel. Embrassez-moi, mon fils, et persistez, je vous conjure, dans cette louable pensée. Pour moi, j'en vais tout de ce pas porter l'heureuse nouvelle à votre mère, partager avec elle les doux transports du ravissement où je suis, et rendre grâce au Ciel des saintes résolutions qu'il a daigné vous inspirer.

Scène 2
Dom Juan, Sganarelle

Sganarelle. – Ah ! Monsieur, que j'ai de joie de vous voir converti ! Il y a longtemps que j'attendais cela, et voilà, grâce au Ciel, tous mes souhaits accomplis.

---

1. **Scandale** : caractère indigne.
2. **Une pleine rémission** : un entier pardon.
3. **Je ne me sens pas** : je suis très heureux.

Acte V, scène 2

DOM JUAN. – La peste le benêt[1] !

SGANARELLE. – Comment, le benêt ?

DOM JUAN. – Quoi ? tu prends pour de bon argent[2] ce que je viens de dire, et tu crois que ma bouche était d'accord avec mon cœur ?

SGANARELLE. – Quoi ? ce n'est pas… Vous ne… Votre… Oh ! quel homme ! quel homme ! quel homme !

DOM JUAN. – Non, non, je ne suis point changé, et mes sentiments sont toujours les mêmes.

SGANARELLE. – Vous ne vous rendez pas à la surprenante merveille[3] de cette statue mouvante et parlante ?

DOM JUAN. – Il y a bien quelque chose là-dedans que je ne comprends pas ; mais quoi que ce puisse être, cela n'est pas capable ni de convaincre mon esprit, ni d'ébranler mon âme ; et si j'ai dit que je voulais corriger ma conduite et me jeter dans un train de vie exemplaire, c'est un dessein que j'ai formé par pure politique[4], un stratagème utile, une grimace nécessaire où je veux me contraindre, pour ménager[5] un père dont j'ai besoin, et me mettre à couvert, du côté des hommes, de cent fâcheuses aventures qui pourraient m'arriver. Je veux bien, Sganarelle, t'en faire confidence, et je suis bien aise d'avoir un témoin du fond de mon âme et des véritables motifs qui m'obligent à faire les choses.

SGANARELLE. – Quoi ? vous ne croyez rien du tout, et vous voulez cependant vous ériger[6] en homme de bien ?

---

1. Benêt : idiot, personne très naïve.
2. Pour de bon argent : pour argent comptant, pour des paroles fiables.
3. Vous ne vous rendez pas à : vous n'êtes pas convaincu par ; **merveille** : phénomène étrange, inexplicable.
4. Politique : ici, calcul.
5. Ménager : traiter avec attention pour garder les faveurs.
6. Vous ériger : vous présenter.

Dom Juan — Et pourquoi non ? Il y en a tant d'autres comme moi, qui se mêlent de ce métier, et qui se servent du même masque pour abuser le monde !

Sganarelle. — Ah ! quel homme ! quel homme !

Dom Juan. — Il n'y a plus de honte maintenant à cela : l'hypocrisie est un vice[1] à la mode, et tous les vices à la mode passent pour vertus. Le personnage d'homme de bien est le meilleur de tous les personnages qu'on puisse jouer aujourd'hui, et la profession[2] d'hypocrite a de merveilleux avantages. C'est un art de qui l'imposture[3] est toujours respectée ; et quoiqu'on la découvre, on n'ose rien dire contre elle. Tous les autres vices des hommes sont exposés à la censure[4], et chacun a la liberté de les attaquer hautement ; mais l'hypocrisie est un vice privilégié, qui, de sa main, ferme la bouche à tout le monde, et jouit en repos d'une impunité souveraine[5]. On lie, à force de grimaces, une société étroite avec tous les gens du parti[6]. Qui en choque un se jette tous sur les bras ; et ceux que l'on sait même agir de bonne foi là-dessus, et que chacun connaît pour être véritablement touchés[7], ceux-là, dis-je, sont toujours les dupes[8] des autres ; ils donnent hautement dans le panneau des grimaciers et appuient aveuglément les singes[9] de leurs actions. Combien crois-tu que j'en connaisse qui, par ce stratagème, ont rhabillé adroitement les désordres de leur jeunesse, qui se sont fait un bouclier du manteau de la religion, et, sous cet habit respecté, ont la permission d'être les plus méchants hommes du monde ? On a beau savoir leurs intrigues et les connaître pour ce qu'ils sont, ils

---

1. Vice : défaut moral.
2. Profession : jeu sur le double sens du mot, qui désigne le métier qu'on exerce, mais aussi la déclaration publique d'une croyance (profession de foi).
3. De qui : dont ; **imposture** : action de tromper.
4. Censure : ici, condamnation morale.
5. Impunité souveraine : fait de pouvoir agir sans aucune crainte d'être puni.
6. Une société étroite : des relations intimes ; **gens du parti** : membres du parti des dévots (voir fiche 2, p. 123).
7. Véritablement touchés : touchés par la grâce de Dieu, vraiment croyants.
8. Dupes : personnes trompées.
9. Singes : imitateurs.

ne laissent pas¹ pour cela d'être en crédit parmi les gens; et quelque baissement de tête, un soupir mortifié, et deux roulements d'yeux rajustent dans le monde tout ce qu'ils peuvent faire. C'est sous cet abri favorable que je veux me sauver, et mettre en sûreté mes affaires. Je ne quitterai point mes douces habitudes; mais j'aurai soin de me cacher et me divertirai à petit bruit. Que si je viens à être découvert, je verrai, sans me remuer, prendre mes intérêts à toute la cabale², et je serai défendu par elle envers et contre tous. Enfin c'est là le vrai moyen de faire impunément tout ce que je voudrai. Je m'érigerai en censeur³ des actions d'autrui, jugerai mal de tout le monde, et n'aurai bonne opinion que de moi. Dès qu'une fois on m'aura choqué tant soit peu, je ne pardonnerai jamais et garderai tout doucement une haine irréconciliable. Je ferai le vengeur des intérêts du Ciel, et, sous ce prétexte commode, je pousserai mes ennemis, je les accuserai d'impiété, et saurai déchaîner contre eux des zélés⁴ indiscrets, qui, sans connaissance de cause, crieront en public contre eux, qui les accableront d'injures, et les damneront hautement de leur autorité privée. C'est ainsi qu'il faut profiter des faiblesses des hommes, et qu'un sage esprit s'accommode aux vices de son siècle.

SGANARELLE. – Ô Ciel! qu'entends-je ici? Il ne vous manquait plus que d'être hypocrite pour vous achever de tout point, et voilà le comble⁵ des abominations. Monsieur, cette dernière-ci m'emporte et je ne puis m'empêcher de parler. Faites-moi tout ce qu'il vous plaira, battez-moi, assommez-moi de coups, tuez-moi, si vous voulez: il faut que je décharge mon cœur, et qu'en valet fidèle je vous dise ce que je dois. Sachez, Monsieur, que tant va la cruche à l'eau qu'enfin elle se brise; et comme dit fort bien cet auteur que je ne connais pas, l'homme est en ce monde ainsi que l'oiseau sur la

---

1. Ils ne laissent pas: ils ne cessent pas.
2. Je verrai [...] prendre mes intérêts à toute la cabale: je verrai tout le parti des dévots défendre mes intérêts (voir fiche 2, p. 123).
3. Censeur: juge des comportements.
4. Zélés: fanatiques aveuglés.
5. Le comble: le plus haut degré.

branche ; la branche est attachée à l'arbre ; qui s'attache à l'arbre suit de bons préceptes[1] ; les bons préceptes valent mieux que les belles paroles ; les belles paroles se trouvent à la cour ; à la cour sont les courtisans ; les courtisans suivent la mode ; la mode vient de la fantaisie ; la fantaisie est une faculté de l'âme ; l'âme est ce qui nous donne la vie ; la vie finit par la mort ; la mort nous fait penser au Ciel ; le Ciel est au-dessus de la terre ; la terre n'est point la mer ; la mer est sujette aux orages ; les orages tourmentent les vaisseaux ; les vaisseaux ont besoin d'un bon pilote ; un bon pilote a de la prudence ; la prudence n'est point dans les jeunes gens ; les jeunes gens doivent obéissance aux vieux ; les vieux aiment les richesses ; les richesses font les riches ; les riches ne sont pas pauvres ; les pauvres ont de la nécessité, nécessité[2] n'a point de loi ; qui n'a point de loi vit en bête brute ; et par conséquent, vous serez damné à tous les diables.

Dom Juan. – Ô le beau raisonnement !

Sganarelle. – Après cela, si vous ne vous rendez, tant pis pour vous.

Scène 3
Dom Carlos, Dom Juan, Sganarelle

Dom Carlos. – Dom Juan, je vous trouve à propos[3], et suis bien aise de vous parler ici plutôt que chez vous, pour vous demander vos résolutions. Vous savez que ce soin me regarde, et que je me suis en votre présence chargé de cette affaire. Pour moi je ne le cèle

---
1. **Préceptes** : règles de conduite.
2. **Nécessité** : besoin, mais aussi obligation. Sganarelle joue sur les deux sens du mot.
3. **À propos** : au bon moment.

point, je souhaite fort que les choses aillent dans la douceur ; et il n'y a rien que je ne fasse pour porter votre esprit à vouloir prendre cette voie, et pour vous voir publiquement confirmer à ma sœur le nom de votre femme.

Dom Juan, *d'un ton hypocrite*. – Hélas ! je voudrais bien, de tout mon cœur, vous donner la satisfaction que vous souhaitez ; mais le Ciel s'y oppose directement : il a inspiré à mon âme le dessein de changer de vie, et je n'ai point d'autres pensées maintenant que de quitter entièrement tous les attachements du monde, de me dépouiller au plus tôt de toutes sortes de vanités, et de corriger désormais par une austère conduite tous les dérèglements criminels où m'a porté le feu d'une aveugle jeunesse.

Dom Carlos. – Ce dessein, Dom Juan, ne choque point[1] ce que je dis ; et la compagnie d'une femme légitime peut bien s'accommoder avec les louables pensées que le Ciel vous inspire.

Dom Juan. – Hélas ! point du tout. C'est un dessein que votre sœur elle-même a pris : elle a résolu sa retraite et nous avons été touchés tous deux en même temps.

Dom Carlos. – Sa retraite ne peut nous satisfaire, pouvant être imputée[2] au mépris que vous feriez d'elle et de notre famille ; et notre honneur demande qu'elle vive avec vous.

Dom Juan. – Je vous assure que cela ne se peut. J'en avais, pour moi, toutes les envies du monde, et je me suis même encore aujourd'hui conseillé au Ciel[3] pour cela ; mais, lorsque je l'ai consulté j'ai entendu une voix qui m'a dit que je ne devais point songer à votre sœur, et qu'avec elle assurément je ne ferais point mon salut.

Dom Carlos. – Croyez-vous, Dom Juan, nous éblouir par ces belles excuses ?

---

1. Ne choque point : n'est pas en contradiction avec.
2. Imputée : attribuée, interprétée comme une conséquence de.
3. Je me suis [...] conseillé au Ciel : j'ai demandé conseil au Ciel.

Dom Juan

Dom Juan. – J'obéis à la voix du Ciel.

Dom Carlos. – Quoi ? vous voulez que je me paye d'un semblable discours ?

Dom Juan. – C'est le Ciel qui le veut ainsi.

Dom Carlos. – Vous aurez fait sortir ma sœur d'un couvent, pour la laisser ensuite ?

Dom Juan. – Le Ciel l'ordonne de la sorte.

Dom Carlos. – Nous souffrirons cette tache en notre famille ?

Dom Juan. – Prenez-vous-en au Ciel.

Dom Carlos. – Et quoi ? toujours le Ciel ?

Dom Juan. – Le Ciel le souhaite comme cela.

Dom Carlos. – Il suffit, Dom Juan, je vous entends. Ce n'est pas ici que je veux vous prendre[1], et le lieu ne le souffre pas ; mais, avant qu'il soit peu, je saurai vous trouver.

Dom Juan. – Vous ferez ce que vous voudrez ; vous savez que je ne manque point de cœur, et que je sais me servir de mon épée quand il le faut. Je m'en vais passer tout à l'heure dans cette petite rue écartée qui mène au grand couvent ; mais je vous déclare, pour moi, que ce n'est point moi qui me veux battre : le Ciel m'en défend la pensée ; et si vous m'attaquez, nous verrons ce qui en arrivera.

Dom Carlos. – Nous verrons, de vrai, nous verrons.

---

1. **Prendre** : défier en duel.

Scène 4
DOM JUAN, SGANARELLE

SGANARELLE. – Monsieur, quel diable de style prenez-vous là ? Ceci est bien pis[1] que le reste, et je vous aimerais bien mieux encore comme vous étiez auparavant. J'espérais toujours de votre salut ; mais c'est maintenant que j'en désespère ; et je crois que le Ciel, qui vous a souffert jusques ici, ne pourra souffrir du tout cette dernière horreur.

DOM JUAN. – Va, va, le Ciel n'est pas si exact que tu penses ; et si toutes les fois que les hommes…

SGANARELLE. – Ah, Monsieur, c'est le Ciel qui vous parle, et c'est un avis qu'il vous donne.

DOM JUAN. – Si le Ciel me donne un avis, il faut qu'il parle un peu plus clairement, s'il veut que je l'entende.

Scène 5
DOM JUAN,
UN SPECTRE, *en femme voilée*, SGANARELLE

LE SPECTRE. – Dom Juan n'a plus qu'un moment à pouvoir profiter de la miséricorde du Ciel ; et s'il ne se repent ici[2], sa perte est résolue.

SGANARELLE. – Entendez-vous, Monsieur ?

DOM JUAN. – Qui ose tenir ces paroles ? Je crois connaître cette voix.

---
1. Pis : pire.
2. Ici : maintenant.

Dom Juan

5 **SGANARELLE**. – Ah! Monsieur, c'est un spectre : je le reconnais au marcher[1].

DOM JUAN. – Spectre, fantôme, ou diable, je veux voir ce que c'est.

*Le Spectre change de figure
et représente le Temps avec sa faux à la main.*

SGANARELLE. – Ô Ciel! voyez-vous, Monsieur, ce changement de figure?

10 **DOM JUAN**. – Non, non, rien n'est capable de m'imprimer de la terreur, et je veux éprouver[2] avec mon épée si c'est un corps ou un esprit.

*Le Spectre s'envole
dans le temps que[3] Dom Juan le veut frapper.*

SGANARELLE. – Ah! Monsieur, rendez-vous à tant de preuves, et jetez-vous vite dans le repentir.

DOM JUAN. – Non, non, il ne sera pas dit, quoi qu'il arrive, que je
15 sois capable de me repentir. Allons, suis-moi.

Scène 6
LA STATUE, DOM JUAN, SGANARELLE

LA STATUE. – Arrêtez, Dom Juan : vous m'avez hier donné parole de venir manger avec moi.

DOM JUAN. – Oui. Où faut-il aller?

---

1. **Au marcher** : à sa façon de marcher.
2. **Éprouver** : tester.
3. **Dans le temps que** : au moment où.

Staal et Delannoy, illustration pour *Dom Juan*, gravure, XIXᵉ siècle.

Dom Juan

La Statue. – Donnez-moi la main.

Dom Juan. – La voilà.

La Statue. – Dom Juan, l'endurcissement au péché traîne[1] une mort funeste, et les grâces du Ciel que l'on renvoie ouvrent un chemin à sa foudre.

Dom Juan. – Ô Ciel! que sens-je? Un feu invisible me brûle, je n'en puis plus et tout mon corps devient[2]…

Sganarelle. – Ah! [mes gages[3], mes gages!] Voilà par sa mort un chacun satisfait: Ciel offensé, lois violées, filles séduites, familles déshonorées, parents outragés, femmes mises à mal, maris poussés à bout, tout le monde est content. Il n'y a que moi seul de malheureux. [Mes gages, mes gages, mes gages!][4]

---

1. Traîne: entraîne.
2. Dans les éditions de 1682, la réplique de Dom Juan n'est pas interrompue et s'achève par «… un brasier ardent, ah!». Elle est suivie d'une didascalie: «*Le tonnerre tombe avec un grand bruit et de grands éclairs sur Dom Juan; la terre s'ouvre et l'abîme; et il sort de grands feux de l'endroit où il est tombé.*»
3. Gages: salaire d'un domestique.
4. Les passages entre crochets (l. 11, l. 15) ne figurent pas dans les éditions cartonnée et non-cartonnée de 1682.

Arrêt sur lecture 4

Pour comprendre l'essentiel

Les différents visiteurs de Dom Juan

1 Alors que Dom Juan s'apprête à dîner, plusieurs visiteurs se présentent à sa porte. Parmi ces personnages, dites quels sont ceux qui appartiennent à la tradition de la comédie.

2 D'autres visiteurs rappellent davantage la tragédie. Identifiez-les grâce aux thèmes et aux registres dominants dans leurs répliques.

3 La Statue du Commandeur et le Spectre sont des visiteurs surnaturels. Dites quels effets leurs apparitions peuvent susciter chez les spectateurs et à quel registre elles se rattachent par conséquent.

Un personnage qui s'obstine dans le péché

4 Au cours des actes précédents, Dom Juan a montré qu'il ne respectait ni les femmes, ni Dieu. Identifiez les règles (civiles, morales, religieuses) qu'il enfreint dans l'acte IV, de la scène 3 au début de la scène 5.

5 Le début de l'acte V repose sur un faux rebondissement. Expliquez lequel et montrez qu'il constitue un signe de «l'endurcissement au péché» (p. 114) de Dom Juan.

Arrêt sur lecture 4

6 Dom Juan justifie sa conversion à l'hypocrisie dans une tirade à la scène 2 de l'acte V (l. 31-71). Dites de quel type de personnes Molière fait la satire à travers les propos de son personnage.

Les avertissements et la punition

7 Plusieurs personnages tentent de mettre en garde Dom Juan contre la vengeance du Ciel. Relevez une citation pour chacun de leurs avertissements.

8 Dom Juan est finalement puni. Relisez les dernières scènes et cherchez ce que peuvent symboliser le Spectre qui ressemble à une femme voilée, le Temps muni d'une faux et la Statue du Commandeur.

9 Le dernier mot de la pièce n'est laissé ni à Dom Juan, ni à la Statue du Commandeur, mais à Sganarelle. Proposez différents tons sur lesquels cette réplique peut être prononcée et expliquez les raisons pour lesquelles elle a été en partie censurée.

✔ Rappelez-vous !

• Dom Juan est une **pièce à machines**, c'est-à-dire une pièce dont l'intrigue repose sur l'utilisation de moyens mécaniques (fils, poulies, rails, contrepoids…) pour créer ce qu'on appellerait aujourd'hui des effets spéciaux. Ainsi, à l'acte V, d'après les didascalies des différentes éditions (voir note 2, p. 114), la mise en scène montre la statue animée, les feux de l'Enfer et l'engloutissement de Dom Juan. Ces effets satisfont le goût du public pour le spectaculaire et rattachent davantage cette pièce à l'esthétique baroque qu'à l'esthétique classique (voir fiche 6, p. 134-135).

• Ces effets spéciaux permettent l'irruption du ***deus ex machina*** à la fin de la pièce. Cette expression latine, qui signifie « dieu issu d'une machine », désigne l'intervention impromptue d'un dieu pour résoudre l'intrigue de façon soudaine. Le châtiment divin qui s'abat sur Dom Juan permet à Molière d'offrir un dénouement moral à sa pièce, qui ne peut donc être accusée d'impiété ou d'immoralité.

Vers l'oral du Bac

Analyse de la scène 2 de l'acte V, l. 31-97, p. 106-108

Arrêt sur lecture 4

> → **Mettre en évidence la portée polémique des deux discours sur l'hypocrisie**

🎤 Conseils pour la lecture à voix haute

– Appuyez-vous sur les pronoms personnels sujets pour faire sentir l'évolution de la tirade de Dom Juan.

– Vous pouvez lire la tirade de Sganarelle à la manière d'une comptine afin de souligner l'enchaînement des expressions.

📝 Analyse du texte

■ Introduction rédigée

Au début de l'acte V, les spectateurs ont pu croire, comme Sganarelle et Dom Louis, que Dom Juan s'était repenti et avait décidé de se comporter en honnête homme. Cette conversion n'est qu'un faux rebondissement puisque nous apprenons au début de la scène 2 que Dom Juan a en fait décidé de jouer le dévot pour pouvoir se comporter en libertin en toute impunité. Selon un procédé déjà observé précédemment, il prononce un éloge paradoxal de l'hypocrisie, auquel Sganarelle répond par une condamnation de ce vice. Nous montrerons que ces deux tirades ont une portée polémique. En effet, les deux discours expriment des thèses opposées et témoignent d'une grande différence de maîtrise de l'art oratoire. Ils donnent une tonalité plus sombre à la pièce, préparant ainsi le dénouement, et constituent une satire des faux dévots par Molière.

■ *Analyse guidée*

I. Deux discours opposés sur l'hypocrisie

a. Dom Juan et Sganarelle expriment des opinions opposées sur l'hypocrisie. Identifiez la thèse de chacun d'eux en relevant dans leur tirade une citation qui l'exprime. Analysez ensuite les connotations des mots que chacun d'eux associe à l'hypocrisie.

b. Dom Juan se montre encore une fois éloquent. Relevez des procédés qui témoignent de sa maîtrise de l'art oratoire.

c. Au contraire, le discours de Sganarelle est maladroit. Décrivez la progression de ses propos et dites quel est l'effet produit sur les spectateurs. Expliquez en quoi le fait de placer dans la bouche d'un valet malhabile les propos défendant la religion est une forme de provocation.

II. Une tonalité plus sombre

a. La tirade de Dom Juan est construite en deux parties. Identifiez-les en vous appuyant sur les pronoms personnels et les temps des verbes.

b. Le ton de Dom Juan se durcit au fil du texte. Montrez qu'il présente sa conversion à l'hypocrisie comme un complot et qu'il exprime ainsi un désir de puissance.

c. En décidant de devenir hypocrite, Dom Juan s'enfonce plus encore dans le péché. Montrez que Sganarelle essaie de le mettre en garde contre un châtiment divin.

III. La satire des hypocrites religieux par Molière

a. La satire se caractérise par la violence du ton utilisé. Analysez la façon dont Dom Juan décrit l'hypocrisie des faux dévots en vous appuyant notamment sur les métaphores utilisées dans les lignes 31 à 50.

b. À travers le personnage de Dom Juan, les spectateurs entendent la voix de Molière qui s'en prend à l'influente Compagnie du Saint-Sacrement, appelée aussi parti des dévots (voir fiche 2, p. 123). Cherchez les allusions à cette compagnie dans la tirade de Dom Juan.

c. À l'issue de cette tirade satirique, Sganarelle condamne maladroitement l'attitude de Dom Juan. Proposez une explication à cette intervention et à ce changement de ton.

■ *Conclusion rédigée*

Avec cette conversion à l'hypocrisie, Dom Juan semble gravir un degré supplémentaire dans le péché. Cette nouvelle provocation, ce nouveau défi lancé à Dieu précipite le dénouement de la pièce et le châtiment divin. Cette scène fait aussi entendre la voix de Molière et, après la satire des médecins à l'acte III, une satire des faux dévots est ici exposée. Molière vise directement la Compagnie du Saint-Sacrement, qui n'est pas dupe de la défense maladroite des dévots par Sganarelle. Ainsi, en 1665, la pièce ne peut être représentée que quinze fois, malgré son succès, et les premières éditions du texte, après la mort de Molière, sont en partie censurées.

Les trois questions de l'examinateur

Question 1. Ce n'est pas la première fois que Dom Juan se comporte de manière hypocrite dans cette pièce. Pouvez-vous donner des exemples de son hypocrisie dans les actes précédents ? Cette conversion à l'hypocrisie religieuse vous semble-t-elle d'un autre ordre ?

Question 2. [Lecture d'images] Dans cette scène comme dans l'ensemble de la pièce, Dom Juan forme un duo avec Sganarelle. Observez les photographies de mises en scène reproduites en fin d'ouvrage, au verso de la couverture : quels aspects de la relation entre le maître et son valet expriment-elles ?

Question 3. Molière a déjà fait la satire des hypocrites religieux dans une pièce précédente. De quelle pièce s'agit-il ? Pouvez-vous en résumer brièvement l'intrigue ?

Le tour de l'œuvre en 10 fiches

Sommaire

▸ Fiche 1	Molière en 17 dates	122
▸ Fiche 2	L'œuvre dans son contexte	123
▸ Fiche 3	La structure de l'œuvre	124
▸ Fiche 4	Les grands thèmes de l'œuvre	129
▸ Fiche 5	Une comédie difficile à classer	132
▸ Fiche 6	Une pièce baroque en plein classicisme	134
▸ Fiche 7	L'histoire du texte	136
▸ Fiche 8	Les réécritures du mythe de Don Juan	137
▸ Fiche 9	Le texte de *Dom Juan* et ses représentations	139
▸ Fiche 10	Citations	141

Fiche 1

Molière en 17 dates

1622	Naissance de Jean-Baptiste Poquelin à Paris dans une famille bourgeoise.
1636-1640	Études dans un lycée parisien puis licence de droit à Orléans.
1643	Fondation de la troupe de L'Illustre-Théâtre avec les Béjart, une famille de comédiens à laquelle appartient sa maîtresse Madeleine.
1645-1658	Faillite de la troupe ; Molière est emprisonné quelques jours pour dettes. Tournée sur les routes du sud de la France. Molière écrit ses premières comédies : *Le Docteur amoureux*, *Le Médecin volant*.
1658	Retour à Paris. Échec d'une tragédie et succès d'une farce jouées devant le roi Louis XIV. Devenue « troupe de Monsieur » (frère du roi), la troupe de Molière s'installe dans la salle du Petit-Bourbon où elle joue en alternance avec les comédiens italiens.
1659	Après l'échec de plusieurs tragédies, succès de la comédie *Les Précieuses ridicules*.
1661	La troupe s'installe dans la salle du Palais-Royal.
1662	Mariage avec Armande Béjart ; *L'École des femmes* provoque succès et controverses.
1664	Louis XIV confie à Molière l'organisation des divertissements pour l'inauguration du château de Versailles. Première représentation du *Tartuffe*, avant son interdiction jusqu'en 1669.
1665	**Création de *Dom Juan* sous le titre *Le Festin de Pierre*.** La troupe devient « troupe du roi ».
1666	*Le Misanthrope*.
1668	*L'Avare*.
1670	*Le Bourgeois gentilhomme*.
1671	*Les Fourberies de Scapin*. Mort de Madeleine Béjart.
1673	Mort de Molière après une représentation du *Malade imaginaire*. Louis XIV intervient pour que son corps ne soit pas jeté à la fosse commune, sort alors réservé aux comédiens non-repentis.
1677	Thomas Corneille écrit en vers une version moins scandaleuse du *Festin de Pierre*, jouée sous le nom de Molière.
1682-1683	Premières publications du texte de Molière sous le titre *Dom Juan ou le Festin de Pierre*.

Le tour de l'œuvre en 10 fiches

Fiche 2
L'œuvre dans son contexte

Louis XIV, monarque absolu et mécène

En 1665, Louis XIV (1638-1715) est un jeune monarque de vingt-sept ans. Devenu roi en 1643, quelques mois avant ses cinq ans, il n'a commencé de régner personnellement qu'en 1661, à la mort du ministre Mazarin (1602-1661). Marqué par la Fronde, une révolte menée par des nobles contre le pouvoir royal dans les années 1648-1653, **le jeune roi a à cœur de gouverner en monarque absolu.** Il prend toutes les décisions seul et se montre impitoyable avec ceux qui cherchent à l'affaiblir. **Pour affirmer son pouvoir, le roi développe un culte de sa propre personne**, illustré par la figure du Roi-Soleil. Celle-ci est mise en scène lors de grandes fêtes au château de Versailles, dont les travaux d'aménagement ne font alors que commencer.

Amateur d'arts, notamment de théâtre et de danse, **Louis XIV sait mettre les artistes à son service et joue un rôle de mécène** en accordant des subventions à ceux qui lui plaisent. Molière (1622-1673) puis le musicien Jean-Baptiste Lully (1632-1687) bénéficient ainsi de ses faveurs. Par ses choix, il s'oppose à sa mère, Anne d'Autriche (1601-1666), et au parti des dévots qu'elle soutient. Cette expression désigne **la Compagnie du Saint-Sacrement, une association catholique secrète et influente dont le but est de lutter contre l'impiété, l'immoralité et le protestantisme.**

Ferveur et querelles autour du théâtre

Le public partage le goût du roi pour le théâtre. À Paris, les spectateurs peuvent non seulement assister à des spectacles de rue sur le Pont-Neuf mais aussi se rendre dans différentes salles selon qu'ils souhaitent assister à une tragédie ou à une comédie. **Les troupes qui jouent dans ces théâtres se livrent une concurrence féroce**, n'hésitant pas à mettre à l'affiche des pièces sur le même sujet ou à organiser des complots pour mener leurs rivaux à l'échec.

Le théâtre est en même temps au cœur de plusieurs querelles idéologiques. Dans la France catholique du XVIIe siècle, l'Église reconnaît la portée morale de certains spectacles mais condamne les mœurs supposées immorales des comédiens.

Les pièces de Molière sont au cœur de ces querelles. En 1662, *L'École des femmes*, qui soulève la question de l'éducation des filles, est jugée obscène par le parti des dévots. En 1664, celui-ci obtient l'interdiction du *Tartuffe* de Molière durant cinq ans : la pièce met en scène un imposteur qui feint la dévotion pour escroquer une famille, mais les dévots y voient une critique de la dévotion elle-même. **C'est en partie pour répondre aux accusations d'impiété que Molière écrit *Dom Juan*,** qui met en scène la vie de débauché d'un libertin et sa condamnation finale par Dieu.

Fiche 3

La structure de l'œuvre

La structure d'une pièce de théâtre classique est supposée être la suivante, chaque étape correspondant en principe à un acte : exposition, développement de l'intrigue, nœud, recherche de solutions ou péripéties, dénouement. **Or la structure de *Dom Juan* ne correspond pas à ce schéma.**

En décembre 1664, Molière et sa troupe ont passé un contrat avec deux peintres pour les six décors de la pièce (nous ne connaissons pas les décors prévus grâce au texte de Molière, mais grâce à ce contrat). Or, selon Georges Forestier et Claude Bourqui, **la structure de *Dom Juan* aurait été conçue à partir des décors et non l'inverse**.

Cela explique qu'après une exposition classique, la pièce semble davantage être une succession de petites pièces ou de saynètes que le développement d'une intrigue jusqu'à sa résolution finale. Une rapide présentation de la pièce met en effet en évidence la **variété des registres et des inspirations**. L'unité de la pièce repose donc sur le personnage principal et le suspens de l'intrigue sur la **constance des avertissements adressés à Dom Juan**.

Acte I – Exposition : présentation de Dom Juan et de son inconstance

Décor : un palais au travers duquel on voit un jardin.

Scènes et personnages	Action	Registres représentés
Scène 1 Sganarelle, Gusman	Après un éloge paradoxal du tabac, Sganarelle présente son maître comme un séducteur et un athée sans scrupule.	Registre épidictique. Valets, personnages de comédie.
Scène 2 Sganarelle, Dom Juan	Dom Juan se présente lui-même en prononçant un éloge paradoxal de l'infidélité. **Sganarelle tente de le mettre en garde contre la colère de Dieu** mais Dom Juan ne l'écoute pas et expose ses nouveaux projets de conquête amoureuse.	Registre épidictique. Couple maître/valet, traditionnel dans la comédie.

| Scène 3
Sganarelle,
Dom Juan,
Done Elvire | Elvire, que Dom Juan a enlevée du couvent en lui promettant le mariage, demande des comptes à Dom Juan qui feint d'avoir éprouvé des remords. **Elle le met en garde contre la colère de Dieu.** | Registre pathétique. Elvire, personnage de tragédie. |

Acte II – Parodie de pastorale : le séducteur en action

Décor : un hameau de verdure et une grotte au travers de laquelle on voit la mer.

Scène 1 Charlotte, Pierrot	Pierrot raconte à Charlotte comment il a sauvé deux hommes de la noyade, dont un noble, puis reproche à Charlotte, sa fiancée, de ne pas assez l'aimer.	Registre comique. Personnages de comédie.
Scène 2 Charlotte, Dom Juan, Sganarelle	Dom Juan séduit Charlotte qui accepte de l'épouser.	Registres comique et pathétique. Personnages de comédie.
Scène 3 Charlotte, Dom Juan, Sganarelle, Pierrot	Jaloux, Pierrot attaque Dom Juan mais se révèle lâche.	Registre comique inspiré de la farce. Personnages de comédie
Scène 4 Charlotte, Dom Juan, Sganarelle, Mathurine	Charlotte et Mathurine se disputent, Dom Juan ayant promis à chacune le mariage. Dom Juan évite de trancher. Sganarelle tente de mettre en garde les deux femmes.	Registre comique. Personnages de comédie.
Scène 5 Charlotte, Dom Juan, Sganarelle, Mathurine, La Ramée	La Ramée avertit Dom Juan que douze hommes le recherchent. Dom Juan ordonne à Sganarelle de revêtir son propre costume.	

Acte III – Fuite et rencontres : les dialogues d'un incroyant

Décor : une forêt avec à l'arrière-plan une sorte de temple entouré de verdure (le tombeau du Commandeur) ; puis l'intérieur de ce temple.

Scène 1 Dom Juan, Sganarelle	Sganarelle et Dom Juan discutent de l'efficacité de la médecine, à laquelle Dom Juan ne croit pas, puis de l'existence de Dieu et du diable, auxquels il ne croit pas non plus.	Registres satirique et comique. Couple maître/valet, traditionnel dans la comédie.
Scène 2 Dom Juan, Sganarelle, le pauvre	Dom Juan et Sganarelle demandent leur chemin à un pauvre. Dom Juan exige qu'il blasphème en échange d'une pièce d'or. Le pauvre résiste, Dom Juan la lui donne et s'élance au secours d'un homme attaqué par trois autres.	Tentative de registre satirique qu'invalide la réaction du pauvre.
Scène 3 Dom Juan, Sganarelle, Dom Carlos	Dom Carlos remercie Dom Juan de l'avoir sauvé. Il lui explique qu'il cherche à venger sa sœur Elvire d'un certain Dom Juan.	Dom Carlos, personnage de tragédie.
Scène 4 Dom Juan, Sganarelle, Dom Carlos, Dom Alonse et trois suivants	Dom Alonse reconnaît Dom Juan. Dom Carlos obtient de son frère un délai pour remercier Dom Juan de l'avoir sauvé mais prévient Dom Juan qu'il se vengera.	Dom Carlos et Dom Alonse, personnages de tragédie.
Scène 5 Dom Juan, Sganarelle	Dom Juan et Sganarelle entrent dans le tombeau du Commandeur : d'un signe de tête, la Statue accepte l'invitation à dîner de Dom Juan.	Registre comique puis registre fantastique.

Acte IV – Les visiteurs : une succession de petites pièces

Décor : une chambre.

Scène 1 Dom Juan, Sganarelle	Scène de transition entre la rencontre du Commandeur et le dîner.	
Scène 2 Dom Juan, Sganarelle, La Violette	La Violette annonce le créancier M. Dimanche.	
Scène 3 Dom Juan, Sganarelle, M. Dimanche, suite	Dom Juan reçoit son créancier mais détourne la conversation au sujet de ses dettes en le flattant.	Registre comique. Personnage de comédie.
Scène 4 Dom Juan, Sganarelle, La Violette, Dom Louis	Dom Louis reproche à son fils sa conduite immorale et **le met en garde contre la colère de Dieu**.	Tonalité sérieuse mais conflit père/fils propre à la comédie.
Scène 5 Dom Juan, Sganarelle	Dom Juan souhaite la mort de son père. Sganarelle renonce à lui reprocher sa conduite.	
Scène 6 Dom Juan, Sganarelle, Done Elvire, Ragotin	Elvire, apaisée, demande à Dom Juan de se repentir et **le met en garde contre la colère de Dieu**.	Registre pathétique. Personnage de tragédie.
Scène 7 Dom Juan, Sganarelle, suite	Dom Juan et Sganarelle dînent.	Registre comique. Couple traditionnel de comédie.
Scène 8 Dom Juan, Sganarelle, suite, la Statue du Commandeur	La Statue du Commandeur vient dîner et invite Dom Juan pour le lendemain.	Registre fantastique.

Le tour de l'œuvre en 10 fiches

Acte V - Obstination dans le péché et dénouement surnaturel

Décor : une ville.

Scène 1 Dom Juan, Sganarelle, Dom Louis	Rebondissement : Dom Juan annonce sa conversion religieuse à son père qui se réjouit.	Ce pourrait être un dénouement de comédie : tout est bien qui finit bien.
Scène 2 Dom Juan, Sganarelle	Nouveau rebondissement : Dom Juan révèle à Sganarelle que sa conversion n'est qu'une feinte et prononce un éloge paradoxal de l'hypocrisie. **Sganarelle le met en garde** maladroitement.	Registre épidictique puis registre comique.
Scène 3 Dom Juan, Sganarelle, Dom Carlos	Dom Carlos s'enquiert de la décision de Dom Juan, qui lui annonce qu'il ne peut prendre publiquement Elvire pour épouse en raison de sa conversion. **Dom Carlos le menace de l'attaquer.**	Dom Carlos, personnage de tragédie.
Scène 4 Dom Juan, Sganarelle	**Sganarelle met en garde Dom Juan contre la colère de Dieu.** Dom Juan défie le Ciel.	
Scène 5 Dom Juan, Sganarelle, un Spectre	Un Spectre apparaît et change d'apparence, Dom Juan s'interdit d'avoir peur. **Sganarelle le supplie de se repentir**, ce qu'il refuse.	Registre fantastique ou merveilleux.
Scène 6 Dom Juan, Sganarelle, la Statue	La Statue prononce et exécute la condamnation de Dom Juan au nom de Dieu. Dom Juan brûle et est englouti dans l'abîme.	Registre fantastique ou merveilleux.

Fiche 4

Les grands thèmes de l'œuvre

Le libertinage, grand thème de la pièce

Dans son sens le plus général, le mot «libertinage» désigne une attitude de refus des contraintes, religieuses, morales ou sociales en particulier. À l'époque où Molière compose *Dom Juan*, l'usage de ce terme, sous la plume des défenseurs de la morale chrétienne, donne l'image d'un groupe de personnes qu'unissent des valeurs et des comportements communs. **En réalité, au XVIIe siècle, le courant libertin est hétéroclite et se compose d'une grande variété de personnes**: poètes aux mœurs libres, écrivains athées, savants rationalistes ou encore aristocrates connus pour leurs frasques (➡ voir groupement de textes 2, p. 156-163).

Dom Juan est un libertin. Il ne le revendique pas mais, par deux fois, Sganarelle utilise ce terme à son sujet, avec une connotation très péjorative, traitant les libertins de «petits impertinents» (I, 2, p. 19) et rappelant qu'ils sont voués à une triste fin. Cependant, il est peu probable que les libertins de pensée se soient reconnus dans le personnage de Dom Juan. C'est donc le libertinage tel qu'il est incarné par ce personnage qui est étudié ici.

L'inconstance amoureuse

Dom Juan est un libertin parce qu'il est inconstant en amour. Ce thème, qui est un trait caractéristique du personnage dans les précédentes versions de la pièce (➡ voir fiche 8, p. 137-138), est aussi cher aux artistes baroques. Dès la première scène, les spectateurs apprennent que Dom Juan a séduit Done Elvire, l'a enlevée de son couvent et épousée secrètement avant de l'abandonner. Elvire n'est d'ailleurs pas la première de ses victimes puisque Sganarelle affirme: «si je te disais le nom de toutes celles qu'il a épousées en divers lieux, ce serait un chapitre à durer jusques au soir» (I, 1, p. 14). À la scène 2, nous apprenons que Dom Juan a le projet d'enlever une autre jeune femme. Son projet ayant échoué, à l'acte II, il tombe sous le charme de deux autres femmes, Charlotte et Mathurine, à qui il promet le mariage.

À la scène 2 de l'acte II, Dom Juan fait l'éloge de l'inconstance et justifie ainsi sa conduite: «tout le plaisir de l'amour est dans le changement» (p. 17). La fidélité est fastidieuse, l'infidélité fait de lui un conquérant digne d'Alexandre le Grand (p. 18). Dom Juan est un être de désirs dont l'éloquence est un moyen d'arriver à ses fins.

La libre-pensée et le rationalisme

Dom Juan est aussi souvent présenté comme un libertin au sens de libre-penseur. Ce terme désigne une personne qui remet en question les croyances sociales, morales, religieuses pour ne se fier qu'à ce qui est librement établi et prouvé par la raison. Il serait toutefois plus juste de dire que seule la première partie de la définition s'applique à Dom Juan. En effet, s'il défie toutes les autorités, que représentent son père, les frères de Done Elvire et le Ciel, il ne les soumet guère à l'exercice de sa raison dans la pièce.

« Liberti[n] sans savoir pourquoi », pour reprendre le mot de Sganarelle (I, 2, p. 19), **Dom Juan, homme de défi, argumente peu.** Sganarelle présente son maître comme « un Hérétique, qui ne croit ni Ciel, ni saint, ni Dieu, ni loup-garou » (I, 1, p. 13). Le héros, lui, bien qu'éloquent pour flatter les femmes qu'il convoite ou justifier son comportement, est beaucoup moins bavard sur cet athéisme supposé. Il ne prononce aucune tirade sur ce thème et il esquive les questions plus qu'il n'argumente lorsque son valet lui propose un débat sur le sujet (III, 1). Après un bon mot, emprunté à un personnage réel, « je crois que deux et deux sont quatre, Sganarelle, et que quatre et quatre sont huit » (p. 64), il laisse à son valet le soin de prouver, maladroitement, l'existence de Dieu.

En revanche, Dom Juan ne cesse de provoquer le Ciel en lui demandant ironiquement de se manifester : « c'est une affaire entre le Ciel et moi, et nous la démêlerons bien ensemble », dit-il à Sganarelle (I, 2, p. 19) ; plus tard, il demande à un pauvre de jurer en échange d'une pièce d'or (III, 3) ; face à l'apparition du Spectre, il lance un défi à Dieu : « si le Ciel me donne un avis, il faut qu'il parle un peu plus clairement, s'il veut que je l'entende » (III, 4, p. 111).

Cet athéisme semble s'appuyer sur une pensée rationaliste : Dom Juan ne veut croire que ce qu'il peut expliquer rationnellement ou éprouver par l'expérience. Ainsi, il refuse de céder à la peur face au Spectre car « rien n'est capable de [lui] imprimer de la terreur » et parce qu'il veut « éprouver avec [s]on épée si c'est un corps ou un esprit » (V, 5, p. 112).

La critique de l'hypocrisie religieuse

Toutefois, la pièce n'est pas une défense de l'incroyance, ni même un débat sur l'existence de Dieu.

À l'acte V, les spectateurs assistent à un rebondissement : Dom Juan se convertit à l'hypocrisie. Ainsi, de même qu'il avait justifié l'inconstance à l'acte I, il fait l'éloge paradoxal de ce « vice à la mode [qui passe] pour vertu » (V, 2, p. 106). Cette transformation du personnage rappelle le faux dévot dans *Tartuffe*, qui met en scène une satire des hypocrites religieux. Cette pièce de Molière, créée à Versailles en 1664, un an avant *Dom Juan*, a été interdite sous l'influence des membres de la Compagnie du Saint-Sacrement, le parti des dévots. **Avec *Dom Juan*, Molière veut non seulement offrir aux spectateurs une pièce éblouissante, mais aussi défendre son *Tartuffe* en prouvant l'innocence de ses intentions**: non, il ne s'attaque pas à la dévotion, mais aux hypocrites, comme le prouve le châtiment du personnage juste après sa conversion à l'hypocrisie. L'habileté de Molière consiste à présenter l'hypocrisie religieuse comme le plus haut degré du péché: comme le dit Sganarelle, «ceci est bien pis que le reste» (V, 4, p. 111).

Du libertinage du personnage à celui de l'auteur?

La tentation paraît grande de déduire du libertinage de Dom Juan celui de Molière. Comme le séducteur qui défie Dieu fait forte impression alors que son valet qui défend la religion est ridicule, il est tentant de penser que Dom Juan exprime la pensée de Molière lui-même. **Toutefois, le dénouement et le châtiment du personnage contredisent cette interprétation**. Le choix de ce personnage de libertin s'explique surtout par la volonté de Molière de mener une nouvelle attaque contre les faux dévots et de défendre sa pièce alors interdite, *Le Tartuffe*.

Fiche 5
Une comédie difficile à classer

Une dominante de comédie

Lors de sa première représentation en 1665, la pièce est présentée comme une comédie. De fait, des personnages et des saynètes typiques de ce genre y sont présents. Le couple du maître et du valet, tout au long de la pièce, et le conflit de générations entre le père et le fils, à la scène 4 de l'acte III, sont des lieux communs de la comédie.

De plus, certains passages satiriques sont typiques des comédies de Molière. La satire de l'hypocrisie religieuse, au travers de la fausse conversion de Dom Juan à l'acte V, rappelle *Le Tartuffe* (1664). Quant à la satire des médecins, c'est une constante dans l'œuvre du dramaturge, depuis *Le Médecin volant* (vers 1645-1647), une de ses premières pièces, jusqu'à la dernière, *Le Malade imaginaire* (1673), en passant par *Le Médecin malgré lui* (1666).

Enfin, le dénouement est lui aussi caractéristique d'une comédie: le méchant est puni, tout rentre dans l'ordre grâce à une intervention divine.

Des emprunts à d'autres genres légers

Plusieurs saynètes rappellent le genre de la farce, courte pièce d'origine médiévale, dont le comique repose sur des personnages bouffons et un comique grossier. L'entretien de Dom Juan avec M. Dimanche (IV, 3) rappelle ce genre. C'est surtout l'acte II qui pourrait être une farce à lui tout seul: la vanité de Pierrot, le patois comique des paysans, les coups échangés et finalement reçus par Sganarelle sont proprement farcesques.

Cet acte se présente aussi comme une **parodie de pastorale**, pièce qui met en scène les amours de bergers et de bergères vivant en harmonie avec la nature et s'exprimant dans un langage raffiné.

Quant à la gloutonnerie de Sganarelle lors de la scène du dîner (IV, 7), elle est plus précisément empruntée à la ***commedia dell'arte*** et à ses valets sots, lâches et gloutons, tels Arlequin et Scaramouche.

Le souvenir de la tragi-comédie est aussi présent. Ce genre en vogue dans la première moitié du XVIIe siècle met en scène des personnages nobles, confrontés à des difficultés tragiques au cours de nombreux rebondissements, et mêle scènes comiques et scènes tragiques avant un dénouement heureux, sans réel souci de vraisemblance. Dans *Dom Juan*, l'origine noble du personnage principal et le caractère romanesque de certains épisodes, comme celui de l'enlèvement manqué au début de l'acte II ou la rencontre des frères d'Elvire dans la forêt à l'acte III, sont des traits caractéristiques de ce genre baroque.

Le spectaculaire d'une pièce à machines

***Dom Juan* est aussi une pièce à machines, un autre style en vogue à l'époque.** Il s'agit de pièces faisant appel à des moyens mécaniques spécifiques (fils, poulies, rails, contrepoids) importés par des ingénieurs italiens vers le milieu du XVIIe siècle. Ces spectacles mettent en scène des mers déchaînées, des éclairs, des divinités et autres héros volant dans les airs dans des œuvres inspirées d'épisodes mythologiques, comme *Andromède* de Corneille (1650) ou *Psyché* (1671), tragédie-ballet coécrite par Molière, Corneille et Philippe Quinault (➡ voir « Vers l'écrit du Bac », p. 165-176). Les pièces à machines répondent au goût du public pour le spectaculaire et le merveilleux : lors des représentations de *Dom Juan*, Molière rencontre un succès populaire.

Ces techniques permettent une grande variété de décors successifs. Or l'action de *Dom Juan* prend place dans six lieux différents (➡ voir fiche 3, p. 124-128).

Les « machines » permettent aussi de faire apparaître le surnaturel sur scène, comme lors de la première rencontre avec la Statue du Commandeur à la fin de l'acte III ou du châtiment de Dom Juan durant le dénouement. Les effets spéciaux donnent corps à l'intervention du *deus ex machina* (« dieu issu d'une machine ») pour résoudre l'intrigue.

L'influence de la tragédie

***Dom Juan* fait aussi une place à la tragédie au travers de personnages et de thèmes caractéristiques de ce genre.** Le thème tragique de l'honneur est ainsi incarné par Done Elvire et ses frères, Dom Carlos et Dom Alonse. Tous trois s'expriment d'ailleurs dans un style noble propre à la tragédie : en témoignent la colère d'Elvire (I, 3) mais aussi sa supplique (IV, 6), et surtout le débat entre Dom Carlos et Dom Alonse (III, 4). Le vocabulaire de l'honneur (« obligation », « mérite », « vengeance » « gloire », « cœur », etc.) et les phrases complexes exprimant les nuances de la réflexion, telles que « comme l'honneur est infiniment plus précieux que la vie, c'est ne devoir rien proprement que d'être redevable de la vie à qui nous a ôté l'honneur » (III, 4, p. 72), peuvent évoquer certains personnages des tragédies de Corneille, *Le Cid* (1637) ou *Horace* (1640). Molière connaît bien le style de cet auteur car sa troupe a joué certaines de ses pièces.

En définitive, cette variété de registres et d'inspirations rapproche davantage *Dom Juan* des genres théâtraux de l'époque baroque que de ceux de l'époque classique, alors même que la pièce a été écrite et représentée pour la première fois au cœur du classicisme (➡ voir fiche 6, p. 134-135). Les différentes mises en scène mettent en avant l'un ou l'autre aspect selon l'interprétation du texte par le metteur en scène (➡ voir fiche 9, p. 139-140).

Fiche 6

Une pièce baroque en plein classicisme

Représentée pour la première fois en 1665, *Dom Juan* appartient à une époque où le classicisme s'est imposé. Tandis que ce mouvement se caractérise par la régularité et le respect de la vraisemblance, le baroque se reconnaît à un goût pour la fantaisie et les effets de profusion et de contraste. Ce mouvement littéraire et artistique a dominé la première moitié du XVIIe siècle.

L'importance des éléments baroques

L'inconstance amoureuse, reflet de l'instabilité du monde, est un thème baroque. La tirade de Dom Juan à la scène 2 de l'acte I rappelle des discours tenus par le berger Hylas dans *L'Astrée*, un roman-fleuve baroque écrit entre 1607 et 1627 par Honoré d'Urfé. Toutefois les fluctuations des sentiments sont aussi un sujet mondain dans les années 1660.

La présence du surnaturel est aussi un élément baroque. La première version publiée de *Dom Juan*, *L'Abuseur de Séville* (1630), a d'ailleurs été écrite par un auteur baroque espagnol, Tirso de Molina (➡ voir fiche 8, p. 137-138). En effet, le problème de la vraisemblance, exigée dans une pièce classique, ne se pose pas à un auteur baroque.

La liberté de ton et de composition de la pièce relève aussi du baroque. La variété des registres, c'est-à-dire le mélange de scènes comiques et de scènes tragiques (➡ voir fiche 5, p. 132), est une caractéristique baroque et non classique. **La pièce ne respecte pas non plus la règle des trois unités**, qui impose que l'histoire se déroule en un seul lieu (unité de lieu) et une seule journée (unité de temps) et ne comporte qu'une seule intrigue (unité d'action). La variété des décors de *Dom Juan* (➡ voir fiche 3, p. 124-128) montre que l'unité de lieu n'est pas respectée. Quant à l'unité de temps, elle est respectée dans la mesure où l'histoire est supposée se dérouler en une journée et demie. En effet, lorsqu'elle revient sur scène à la scène 6 de l'acte IV, Elvire affirme : « vous me voyez bien changée de ce que j'étais ce matin » (p. 95-96), ce qui suppose qu'il ne s'est déroulé qu'une journée depuis le début de la pièce. À la scène 8, la Statue invite Dom Juan « à venir demain souper avec [elle] » (p. 102) et, à la scène 1 de l'acte V, Dom Juan déclare à son père : « je ne suis plus le même d'hier au soir » (p. 103), ce qui ajoute une nuit et une partie de la journée suivante. Toutefois, le respect de cette unité est forcé car il est peu probable que tant d'événements, dont un naufrage, une fuite dans la forêt et une série d'entretiens avec des visiteurs, tiennent en si peu de temps. Enfin, pour ce qui est de l'unité d'action, il y a bien une unité thématique autour du personnage de Dom Juan, de ses provocations et des avertissements que lui adressent les autres personnages, mais la pièce donne aussi l'impression d'une succession de saynètes au gré des rencontres.

Dom Juan semble donc bien plus être une pièce baroque qu'une pièce classique. Cependant, Molière hérite de tous ces éléments lorsqu'il décide de reprendre le sujet, introduit auparavant par des œuvres baroques (➡ voir fiche 7, p. 136); cela ne doit pas cacher l'inspiration classique de son texte.

Des aspects classiques

Tout d'abord, dans la version de Molière, l'action est relativement figée, ce qui éloigne la pièce du goût baroque pour le mouvement et tend à la rapprocher des règles du classicisme. Par exemple, la fuite dans la forêt à l'acte III se présente davantage comme une pause que comme une course-poursuite. Le seul moment d'action, le combat à l'épée de Dom Juan aux côtés de Dom Carlos, se déroule en coulisses. De même, le personnage est immobilisé à un carrefour de la ville à l'acte V.

Par rapport aux versions antérieures, Molière a aussi supprimé les épisodes de la tentative de viol de la fille du Commandeur et du meurtre de celui-ci, qui ne sont qu'évoqués dans la pièce. Là encore, cela limite l'action.

De manière plus générale, Dom Juan apparaît moins comme un homme d'action que comme un héros de la parole. Éloquent lorsqu'il prononce un éloge de l'infidélité (I, 2) ou de l'hypocrisie (V, 2), il maîtrise aussi l'art de la flatterie auprès de Charlotte (II, 2) et celui de l'esquive verbale quand Charlotte et Mathurine le pressent de les départager (II, 4), que son valet l'interroge sur ses croyances (III, 1), ou encore quand Dom Carlos lui réclame un duel (V, 3).

Par ailleurs, la pièce répond au double but des auteurs se réclamant du classicisme: « plaire et instruire », *placere* et *docere*, en latin. Le choix du sujet illustre en effet la double stratégie de Molière. Celui-ci veut offrir un spectacle éblouissant grâce aux changements de décors et aux effets spéciaux que permettent les machines. Les recettes des premières représentations témoignent du succès de la pièce auprès du public. Molière veut aussi répondre aux accusations qui ont conduit, l'année précédente, à l'interdiction de son *Tartuffe*, satire des hypocrites religieux. Dans *Dom Juan*, le châtiment divin de l'athée après sa décision de devenir un faux dévot doit prouver que le dramaturge n'a jamais voulu tourner en dérision la religion et la vraie dévotion, mais seulement ceux qui en tirent profit. Comme il l'affirmait dans un texte pour défendre *Le Tartuffe*, la comédie doit corriger les mœurs en divertissant les spectateurs.

Fiche 7

L'histoire du texte

Le texte de Molière n'a jamais été publié de son vivant et nous n'en avons connaissance que par des éditions qui en donnent des versions légèrement différentes.

Le succès éphémère du texte de Molière

La pièce est jouée pour la première fois au théâtre du Palais-Royal le 15 février 1665, sous le titre *Le Festin de Pierre*. Pendant cinq semaines, la pièce est jouée quinze fois avec succès. Néanmoins, dès la seconde représentation, la troupe procède à des coupes, supprimant notamment la scène du pauvre (III, 2). En mars 1665, les représentations sont suspendues en raison des fêtes de Pâques. Elles ne reprendront plus du vivant de Molière. Certains y ont vu l'effet de la censure, voire un désaveu de Louis XIV. Pourtant, en août, la troupe de Molière reçoit le titre de « troupe du roi » et, dès mars 1665, Molière obtient l'autorisation de publier son texte.

Si la pièce n'a pas été jouée après mars 1665, il est donc plus probable que ce soit d'abord pour des raisons de programmation théâtrale, ensuite pour des raisons pratiques (le dispositif scénique qu'elle exige était difficile à manœuvrer dans la salle du Palais-Royal).

Un autre texte pour complaire à la censure

Après la mort de Molière en 1673, sa veuve Armande Béjart et le comédien La Grange (interprète de Dom Juan en 1665) passent un accord avec **Thomas Corneille** (frère du dramaturge Pierre Corneille) pour qu'il **adapte la pièce en vers** et fasse disparaître les passages trop polémiques, comme la scène du pauvre. À partir de 1677, c'est ce texte que joue la troupe, toujours signé du nom de Molière.

Premières éditions et censure

La première édition du texte de Molière est publiée en 1682. C'est alors que la pièce prend le titre de *Dom Juan*. Les éditeurs anticipant la censure, le texte a été amputé de certains passages : les réflexions de Sganarelle sur le « Moine-Bourru » (III, 1), le passage du blasphème dans la scène du pauvre (III, 2) et la réclamation de ses gages par Sganarelle (V, 6). **Toutefois, la censure exige des modifications plus importantes**, faites sous forme de « cartons » collés sur les pages : la discussion sur la religion entre Sganarelle et Dom Juan (III, 1) et presque toute la scène du pauvre (III, 2) sont supprimées. On parle, pour ces deux publications de 1682, de l'édition « non-cartonnée » et de l'édition « cartonnée ». L'année suivante, en 1683, une édition plus complète mais comportant des erreurs de lecture paraît aux Pays-Bas, pour échapper à la censure.

Fiche 8

Les réécritures du mythe de Don Juan

Alors qu'aujourd'hui le nom de Don Juan évoque d'emblée un séducteur et qu'il est utilisé comme nom commun (on parle d'un don juan et même de donjuanisme), il n'avait pas de signification particulière pour un spectateur du XVIIe siècle. **Entre-temps, le personnage est devenu un mythe**, c'est-à-dire un récit transmis par la tradition et mettant en scène des êtres qui incarnent des questionnements fondamentaux pour l'être humain. **Ainsi, Don Juan exprime une interrogation essentielle sur la place de l'homme dans le monde et sur son rapport au divin,** que chaque époque a réinterprétée en fonction de ses problématiques propres (➡ voir groupement de textes 1, p. 144-156).

Avant Molière

La première version écrite de l'histoire de Don Juan est *L'Abuseur de Séville* (1630), une comédie de l'auteur espagnol Tirso de Molina (vers 1583-1648). Cette pièce baroque illustre la morale chrétienne : Don Juan est un trompeur qui multiplie les mauvaises actions et remet sans cesse son repentir au lendemain ; il est foudroyé pour n'avoir pas su demander le pardon de Dieu à temps, mais il n'est pas athée.

Les comédiens italiens ont ensuite fait découvrir le sujet aux spectateurs parisiens. Usant de machines pour les effets spéciaux, ils ont mis en avant la dimension fantastique de la pièce. Le sujet était à la mode et deux autres versions, écrites par des auteurs français, ont été jouées avant celle de Molière.

Avec Molière

En 1665, Molière fait de Dom Juan un incroyant. Cette transformation est une façon de répondre aux accusations qui avaient conduit à l'interdiction de son *Tartuffe* l'année précédente : non, il ne tournait pas en dérision la religion, il critiquait les faux dévots ; pour preuve, l'athée Dom Juan subit le châtiment de Dieu à la fin de la pièce. Si celle-ci ne subit pas directement la censure du vivant de Molière, après sa mort, **sa réécriture en vers par Thomas Corneille (frère du dramaturge Pierre Corneille) en 1677, témoigne d'une évolution moralisatrice**. La scène la plus controversée, celle du pauvre (III, 2), est supprimée et le dénouement prend la forme d'une leçon solennelle.

Les deux pièces s'intitulent alors *Le Festin de Pierre* ; le titre *Dom Juan* n'est donné à la pièce de Molière que lors de sa publication en 1682, pour la distinguer de celle de Thomas Corneille.

Après Molière

Au XVIIIe siècle, le sujet fait l'objet de réécritures dans plusieurs pays européens. Lorenzo Da Ponte propose le sujet à Mozart qui compose la musique de l'opéra *Don Giovanni* (1787). Dès lors, le héros devient un mythe. **Don Juan est présenté comme un homme dont la vie est gouvernée par le désir.** L'énergie, la sensualité et la noblesse du personnage renouvellent l'image de Don Juan. En 2006, le réalisateur Michael Haneke souligne l'actualité du mythe par sa mise en scène de cet opéra. Il propose une interprétation résolument moderne du texte de Da Ponte en le transposant dans le monde de l'entreprise. Il situe ainsi l'intrigue dans un immeuble moderne, fait du héros un jeune loup de la finance portant costume et cravate, et remplace les paysannes, proies du séducteur, par des femmes de ménage (➡ voir la photographie reproduite dans le cahier photos, p. IV).

Au XIXᵉ siècle, les écrivains européens s'approprient la figure de Don Juan qui devient, sous la plume de certains, l'incarnation du héros romantique: personnage mélancolique et solitaire, il se révolte contre la société et lance un défi à Dieu.

Au XXᵉ siècle, plusieurs auteurs imaginent un Don Juan vieillissant, comme Éric-Emmanuel Schmitt dans sa pièce *La Nuit de Valognes* (1989) ou, avant lui, Albert Camus dans son essai *Le Mythe de Sisyphe* (1942). Cet écrivain fait de Don Juan l'incarnation de sa philosophie: c'est un homme qui prend conscience de l'absence de sens du monde (ce que Camus nomme l'absurde).

Ces réécritures ont influencé les représentations de la pièce de Molière.

Illustration d'une scène de l'opéra *Don Giovanni* (1787) de Mozart durant laquelle le héros défie les convives d'un bal masqué, gravure, XIXᵉ siècle.

Fiche 9

Le texte de *Dom Juan* et ses représentations

Histoire des arts

Une pièce à machines

***Dom Juan* est une pièce à machines : sa représentation repose sur des changements de décors et des effets spéciaux.** D'après le contrat passé entre la troupe de Molière et deux peintres, nous savons en effet que le dramaturge avait prévu six décors (→ voir fiche 3, p. 124-128). La représentation de ces lieux successifs requiert un dispositif technique important. Molière a aussi prévu l'apparition d'un Spectre dès l'acte III puis sa réapparition, sa métamorphose et sa disparition à l'acte V. Le dénouement suppose l'ouverture d'une trappe qui fait disparaître le héros au milieu de flammes pour lesquelles était utilisée de la résine de pin facilement inflammable.

Selon l'interprétation qu'en donnent les metteurs en scène, le dénouement n'est pas toujours traité de façon aussi spectaculaire dans les représentations plus récentes de la pièce.

Des représentations ou des interprétations à succès

À partir du milieu du XIXᵉ siècle et surtout du milieu du XXᵉ siècle, les représentations de la pièce sont de plus en plus fréquentes. Celles-ci sont souvent des interprétations nourries de l'évolution du mythe de Don Juan depuis l'époque de Molière.

En 1947, Louis Jouvet centre sa mise en scène sur le problème religieux. La foi naïve de Sganarelle assure le ton comique tandis que Dom Juan est un cynique amer et désabusé à la recherche de Dieu. Les décors et les costumes, où dominent le noir et le blanc, témoignent d'un parti pris lugubre. Le dénouement notamment est macabre : après les dernières paroles de Dom Juan, la scène se transforme en une crypte où se trouvent quatre squelettes et un cercueil de marbre ; Dom Juan est étendu dans ce cercueil, son corps est intact mais sa tête est celle d'un squelette.

Dans son adaptation de 1965, Marcel Bluwal présente Dom Juan comme un héros romantique. Son film en noir et blanc met en scène un cavalier habillé de cuir noir, qui s'interroge sur le sens de sa vie et se dirige volontairement vers sa propre mort. Dans les scènes du dénouement, à la vue du Spectre, il abandonne son cheval, puis son épée, gravit les marches d'un bâtiment où se trouve la Statue d'un Commandeur immense avant d'être englouti par le sol qui s'effondre sous ses pieds (→ voir les photographies reproduites dans le cahier photos, p. III et IV).

En 1969, Patrice Chéreau insiste sur la dimension politique de la pièce en imaginant une mise en scène qui rende compte des menaces qui pèsent sur Dom Juan, celles des hommes et

Le tour de l'œuvre en 10 fiches

celles du Ciel. Échafaudages, grues, poulies transforment la scène et entravent les déplacements de Dom Juan. Lors du dénouement, la statue se dédouble et deux grandes marionnettes de plâtre tuent le personnage à coups de poings et de pieds.

Au début des années 2000, Daniel Mesguich met en avant la dimension comique de la pièce en faisant de Sganarelle un véritable clown (➡ voir la photographie reproduite en début d'ouvrage, au verso de la couverture). Lors de la scène du pauvre, devant lequel il finit par s'agenouiller, Dom Juan semble touché par la foi et presque halluciné. C'est par son propre vice qu'il est châtié : à la fin du spectacle, quatre statues de femmes nues l'entraînent vers son lit, se glissent avec lui sous un drap avant de révéler sa disparition dans un trou béant.

De 1993 à 2004, Jacques Lassalle propose une nouvelle mise en scène à la Comédie-Française, représentant un Dom Juan profondément méchant et suicidaire qui ne croit plus en rien, ni même en lui (➡ voir les photographies reproduites au verso de la couverture et dans le cahier photos, p. II). Le dénouement est fidèle à l'œuvre de Molière : Dom Juan s'approche de la Statue en brandissant son épée, comme s'il s'agissait d'une sorte de duel, puis gravit seul les marches pour tendre la main au Commandeur. Toutefois, la surprise ou la terreur finit par le submerger, il chute du piédestal. L'avancée du décor permet enfin de pousser Dom Juan qui tombe dans une trappe en bord de scène. Sur scène, seul reste Sganarelle.

En 2011, Julie Brochen imagine une mise en scène épurée, où le sol est constitué d'une sorte d'échiquier, soulignant le jeu tragique qui mène à la mort du héros (➡ voir la photographie reproduite en fin d'ouvrage, au verso de la couverture). Mais celle-ci n'est pas présentée comme un châtiment divin : dans cette mise en scène, nul *deus ex machina*, nulle « machine » pour faire s'ouvrir le sol, Dieu semble absent. Le Commandeur, lui, est bien présent, et Julie Brochen a pris le parti d'en donner une version féminine (➡ voir la photographie reproduite dans le cahier photos, p. II), peut-être pour incarner la vengeance des femmes trompées par le séducteur.

En 2013-2014, Jean-Pierre Vincent propose à son tour une mise en scène pour la Comédie-Française (➡ voir les photographies reproduites au verso de la couverture et dans le cahier photos, p. I et II). Constatant que la pièce est « un chef-d'œuvre lesté par le temps, surchargé de notices », il opère un retour au texte et souhaite en donner une interprétation la plus proche possible, affranchie du mythe. Il propose néanmoins un dénouement étonnant. Dom Juan, à terre, se relève quelques instants après la dernière réplique de Sganarelle. Il étreint son valet et tous deux quittent alors la scène d'un pas vif, évitant la Statue immobile encore en scène. Cette réécriture du dénouement en accentue la tonalité fantastique, laissant le spectateur incertain sur la réalité de ce qu'il a vu précédemment.

Fiche 10

Citations

Dom Juan

« Tout le plaisir de l'amour est dans le changement. »

Dom Juan (I, 2)

« Monsieur, j'ai toujours ouï dire que c'est une méchante raillerie que de se railler du Ciel, et que les libertins ne font jamais une bonne fin. »

Sganarelle (I, 2)

« Mon maître est un fourbe ; il n'a dessein que de vous abuser, et en a bien abusé d'autres ; c'est l'épouseur du genre humain, et... *(Il aperçoit Dom Juan.)* Cela est faux ; et quiconque vous dira cela, vous lui devez dire qu'il en a menti. Mon maître n'est point l'épouseur du genre humain, il n'est point fourbe, il n'a pas dessein de vous tromper, et n'en a point abusé d'autres. »

Sganarelle (II, 4)

« J'ai voulu soutenir l'honneur de mon habit : j'ai raisonné sur le mal, et leur ai fait des ordonnances à chacun. »

Sganarelle (III, 1)

« Je crois que deux et deux sont quatre, Sganarelle, et que quatre et quatre sont huit. »

Dom Juan (III, 2)

« Et qu'avez-vous fait dans le monde pour être gentilhomme ? Croyez-vous qu'il suffise d'en porter le nom et les armes, et que ce nous soit une gloire d'être sorti d'un sang noble lorsque nous vivons en infâmes ? Non, non, la naissance n'est rien où la vertu n'est pas. »

Dom Louis (IV, 4)

« Je vous ai aimé avec une tendresse extrême, rien au monde ne m'a été si cher que vous ; j'ai oublié mon devoir pour vous, j'ai fait toutes choses pour vous ; et toute la récompense que je vous en demande, c'est de corriger votre vie, et de prévenir votre perte. Sauvez-vous, je vous prie, ou pour l'amour de vous, ou pour l'amour de moi. »

Done Elvire (IV, 6)

Le tour de l'œuvre en 10 fiches

« L'hypocrisie est un vice à la mode, et tous les vices à la mode passent pour vertus. »

Dom Juan (V, 2)

« Non, non, rien n'est capable de m'imprimer de la terreur, et je veux éprouver avec mon épée si c'est un corps ou un esprit. [...] Non, non, il ne sera pas dit, quoi qu'il arrive, que je sois capable de me repentir. »

Dom Juan (V, 5)

« Dom Juan, l'endurcissement au péché traîne une mort funeste, et les grâces du Ciel que l'on renvoie ouvrent un chemin à sa foudre. »

La Statue du Commandeur (V, 6)

« Ah! mes gages, mes gages! Voilà par sa mort un chacun satisfait : Ciel offensé, lois violées, filles séduites, familles déshonorées, parents outragés, femmes mises à mal, maris poussés à bout, tout le monde est content. Il n'y a que moi seul de malheureux. Mes gages, mes gages, mes gages! »

Sganarelle (V, 6)

À propos de *Dom Juan*

« Un valet infâme, fait au badinage de son maître, dont toute la créance aboutit au Moine-Bourru : *car pourvu que l'on croie le Moine-Bourru, tout va bien, le reste n'est que bagatelle* ; [...] et enfin un Molière pire que tout cela, habillé en Sganarelle, qui se moque de Dieu et du diable ; qui joue le Ciel et l'Enfer, qui souffle le chaud et le froid, qui confond la vertu et le vice : qui croit et ne croit pas, qui pleure et qui rit, qui reprend et qui approuve, qui est censeur et athée, qui est hypocrite et libertin, qui est homme et démon tout ensemble : *un diable incarné*, comme lui-même se définit. Et cet homme de bien appelle cela corriger les mœurs des hommes en les divertissant. [...]

Ce prétendu foudre apprête un nouveau sujet de risée aux spectateurs, et n'est qu'une occasion à Molière pour braver en dernier ressort la justice du Ciel, avec une âme de valet intéressée, en criant *mes gages, mes gages.* »

Sieur de Rochemont, *Observations sur une comédie de Molière intitulée Le Festin de Pierre* [1665], dans Molière, *Œuvres complètes*, t. II, Gallimard, « Bibliothèque de la Pléiade », 2010.

« Je crois surtout que ce soir où Don Juan attendait chez Anna, le Commandeur ne vint pas et que l'impie dut sentir, passé minuit, la terrible amertume de ceux qui ont eu raison. »

Albert Camus, *Le Mythe de Sisyphe* [1942], Gallimard, « Folio essais », 2013.

« Tout le problème de Don Juan revient donc à rendre compte de l'aggravation moderne du conflit entre l'aspiration noble à la surhumanité et la loi chrétienne. [...] Les grands de ce monde ont profité de [l'élargissement des connaissances et de l'horizon humain au début des temps modernes] pour rejeter avec éclat une morale d'abstinence et d'humilité qu'ils avaient toujours impatiemment soufferte. Mais ils n'ont pu se vouer aussi impudemment à la religion du plaisir qu'en perdant à quelque degré leur responsabilité devant l'ensemble du corps social. Le libertinage moral, désaveu cynique de la vieille idée selon laquelle "noblesse oblige" longuement et vainement opposée à Don Juan par son père, aboutit à rejeter ses adeptes hors de toute position sociale et effective. Ce grand seigneur demi-dieu est en même temps un grand seigneur déchu. [...]

Molière, tenté avant tout de reproduire fidèlement un état de choses, ne semble pas avoir beaucoup pensé à prendre position lui-même dans le débat : le prestige qu'il a donné à son héros était conforme au sentiment, secret tout au moins, du public ; mais ce prestige est fortement compensé par une adhésion, non moins évidente, à la réprobation qui entourait le personnage. Il n'y a là rien de contradictoire. Le "grand seigneur méchant homme" intimide et révolte à la fois. »

Paul Bénichou, *Morales du grand siècle* [1948], Gallimard, « Folio essais », 1988.

« "Libertin sans savoir pourquoi", cet esprit fort à l'esprit court devait s'abstenir de toute justification argumentée sur les raisons de son incroyance. »

Georges Forestier et Claude Bourqui, notice du *Festin de Pierre*, dans Molière, *Œuvres complètes*, t. II, Gallimard, « Bibliothèque de la Pléiade », 2010.

« *Dom Juan* ou plutôt *Le Festin de Pierre* est un chef-d'œuvre lesté par le temps, surchargé de notices, davantage qu'une pièce peut-être [...]. C'est donc à nous, en ce début du XXIe siècle, après tant de fortes mises en scène, de retrouver la piste, de faire le pont, le lien, le liant, entre ce passé lointain et agité et notre présent préoccupant. »

Jean-Pierre Vincent, programme de *Dom Juan* pour la mise en scène à la Comédie-Française, 2013-2014.

Groupements de textes

Groupement 1
Réécritures de la mort de Don Juan

Tirso de Molina, *L'Abuseur de Séville*

Cette pièce, écrite en vers par un auteur espagnol, Tirso de Molina (1583-1648), est antérieure à celle de Molière. Elle met en scène un Don Juan inconstant mais pas athée. Avec son valet Catherinon, Don Juan s'est rendu à l'invitation de la statue de Don Gonzale, qu'il a tué. Dans son tombeau, autour d'une table dressée de noir, deux figures en deuil servent des serpents et du vinaigre. Dans l'extrait suivant survient la mort de Don Juan. Elle est suivie par une scène collective où toutes ses anciennes victimes expriment leur satisfaction.

[L'assemblée] chante.

Que le bras justicier se prépare à faire exécuter la vengeance de Dieu, car il n'est pas de délai qui n'arrive, ni de dette qui ne se paie.

CATHERINON. – Oh ! la la ! ça va mal… Par le Christ !… J'ai compris ce refrain, et qu'il parle de nous.

DON JUAN. – Mon cœur se glace à en être brûlé.

On chante.

*Tant qu'en ce monde on est vivant, il n'est pas juste que l'on dise :
Bien lointaine est votre échéance ! alors qu'il est si bref le temps du
repentir.*

CATHERINON. – Qu'est-ce qu'il y a dans ce petit ragoût ?

DON GONZALE. – Des griffes.

CATHERINON. – Il doit se composer de griffes de tailleur, si c'est un ragoût d'ongles.

DON JUAN. – J'ai fini de souper. Dis-leur de desservir.

DON GONZALE. – Donne-moi cette main, n'aie pas peur, donne-moi donc la main.

DON JUAN. – Que dis-tu ? Moi ! Peur ?... Ah ! je brûle !... Ne m'embrase pas de ton feu !

DON GONZALE. – C'est peu de choses au prix du feu que tu cherchas. Les merveilles de Dieu, Don Juan, demeurent insondables[1], et c'est ainsi qu'il veut que tu payes tes fautes entre les mains d'un mort, et si tu dois ainsi payer, telle est la justice de Dieu : « Œil pour œil, dent pour dent[2]. »

DON JUAN. – Ah ! je brûle !... Ne me serre pas tant !... Avec ma dague[3] je te tuerai... Mais... Ah !... Je m'épuise en vain à porter des coups dans le vent. Je n'ai pas profané[4] ta fille... Elle avait démasqué ma ruse avant que je...

DON GONZALE. – Il n'importe, puisque tel était bien ton but.

DON JUAN. – Laisse-moi appeler quelqu'un qui me confesse et qui me puisse absoudre.

DON GONZALE. – Il n'est plus temps, tu te repens trop tard.

DON JUAN. – Ah ! je brûle !... Mon corps est embrasé !... Je meurs...

---

1. Insondables : mystérieuses, inexplicables.
2. Œil pour œil, dent pour dent : expression tirée de l'Ancien Testament exprimant la loi du talion, qui prévoit pour le coupable d'un crime un châtiment identique à l'offense commise.
3. Dague : courte épée.
4. Profané : déshonoré.

Il tombe mort.

Catherinon. – Il n'y a personne qui puisse s'échapper : ici je vais mourir, moi aussi, pour t'accompagner.

Don Gonzale. – Telle est la justice de Dieu : « Œil pour œil, dent pour dent. »

Le sépulcre[1] s'enfonce avec fracas, engloutissant Don Juan et Don Gonzale, tandis que Catherinon se sauve en se traînant.

Catherinon. – Dieu me protège ! Qu'est ceci ? Toute la chapelle est en flammes. Avec le mort je suis resté, pour le veiller et le garder. Me traînant comme je pourrai, je m'en vais prévenir son père… Saint Georges ! Saint *Agnus Dei*[2] ! En paix amenez-moi jusqu'à la rue !

Il s'en va.

Tirso de Molina, *L'Abuseur de Séville* [1630], acte III, trad. de l'espagnol par Pierre Guenoun, Aubier, « Domaine hispanique », 1991.

Thomas Corneille, *Le Festin de Pierre*

En 1677, Thomas Corneille (1625-1709) récrit une version en vers de la pièce de Molière. Elle est jouée jusqu'au XIXe siècle. Dans la préface, Thomas Corneille déclare qu'il a pris « le soin d'adoucir certaines expressions qui avaient blessé les Scrupuleux ». En conséquence, le dénouement a dans son texte une tonalité plus moralisatrice que ne l'était celui de Molière.

La Statue *prenant Don Juan par le bras* :
Arrête, Don Juan.

Léonor[3]
Ah, qu'est-ce que je vois ?
Sauvons-nous vite, hélas !

---

1. **Sépulcre** : tombeau.
2. ***Agnus Dei*** : en latin, « agneau de Dieu », expression qui désigne Jésus-Christ.
3. **Léonor** : dernière conquête de Don Juan dans la version de Thomas Corneille.

Don Juan *tâchant à se défaire de la Statue*:
                Ma Belle, attendez-moi,
Je ne vous quitte point.

La Statue
                Encor un coup demeure,
Tu résistes en vain.

Sganarelle
                Voici ma dernière heure,
C'en est fait.

Don Juan *à la Statue*:
                Laisse-moi.

Sganarelle
                Je suis à vos genoux,
Madame la Statue, ayez pitié de nous.

La Statue
Je t'attendais ce soir à souper.

Don Juan
                Je t'en quitte[1],
On me demande ailleurs.

La Statue
                Tu n'iras pas si vite,
L'Arrêt en est donné[2]; tu touches au moment
Où le Ciel va punir ton endurcissement.
Tremble.

Don Juan
                Tu me fais tort, quand tu m'en crois capable;
Je ne sais ce que c'est que trembler.

---

1. Je t'en quitte: je te tiens quitte, je te dispense de cette invitation.
2. L'Arrêt en est donné: la décision est prise, la sentence est prononcée (par Dieu).

SGANARELLE

Détestable !

LA STATUE

Je t'ai dit dès tantôt[1] que tu ne songeais pas
Que la mort chaque jour s'avançait à grands pas.
Au lieu d'y réfléchir, tu retournes au crime,
Et t'ouvres à toute heure abîme sur abîme[2].
Après avoir en vain si longtemps attendu,
Le Ciel se lasse ; prends, voilà ce qui t'est dû.

*La Statue embrasse[3] Don Juan,
et un moment après tous les deux sont abîmés[4].*

DON JUAN

Je brûle, et c'est trop tard que mon âme interdite[5]…
Ciel !

SGANARELLE

Il est englouti, je cours me rendre Ermite[6] ;
L'exemple est étonnant pour tous les Scélérats[7] ;
Malheur à qui le voit, et n'en profite pas.

Thomas Corneille, *Le Festin de Pierre* [1683], acte V, scène 4,
dans Molière, *Œuvres complètes*, t. II,
Gallimard, « Bibliothèque de la Pléiade », 2010.

---

1. Dès tantôt : précédemment, il y a peu de temps.
2. Abîme : gouffre.
3. Embrasse : prend dans ses bras.
4. Abîmés : engloutis.
5. Interdite : stupéfaite, très étonnée.
6. Ermite : personne retirée dans un lieu isolé, en général pour y mener une vie de méditation et de prière.
7. Étonnant : effrayant, terrorisant (sens du XVIIe siècle) ; **scélérats** : criminels.

Lorenzo da Ponte, *Don Giovanni*

À partir de la fin du XVIIIe siècle, Don Juan devient un mythe qui se diffuse dans l'ensemble de l'Europe. En 1787, l'opéra *Don Giovanni*, dont la musique est composée par Mozart (1756-1791), est représenté pour la première fois à Prague. Il est créé à partir d'un livret (texte d'opéra) proposé par Lorenzo da Ponte (1749-1838). Dans cette version, le valet de Don Giovanni se nomme Leporello. Comme dans la pièce de Tirso de Molina, la mort de Don Juan est suivie par une scène collective.

Le Commandeur

Tu me prias à dîner ;
Or tu connais ton devoir.
Réponds : viendras-tu toi-même
À ton tour souper chez moi ?
[…]

Don Juan

Mon cœur est ferme dans mon sein[1],
Je ne crains rien : oui, je viendrai !

Le Commandeur

Donne-moi ta main en gage !

Don Juan

La voici !
    (poussant un cri)
        Holà !

Le Commandeur

Qu'as-tu ?

Don Juan

Quel est ce froid soudain ?

Le Commandeur

Repens-toi, change de vie ;
C'est le dernier instant !

---

1. **Dans mon sein** : dans ma poitrine.

Don Juan
(voulant se dégager, mais en vain)

Non, non, je ne me repens pas ;
Va-t'en, éloigne-toi !

Le Commandeur

Repens-toi, scélérat !

Don Juan

Non, prétentieux vieillard !

Le Commandeur

Repens-toi !

Don Juan

Non.

Le Commandeur et Leporello

Si.

Don Juan

Non.

Le Commandeur

Ah, il n'est plus temps !

(Des flammes jaillissent, la terre tremble, etc. Le Commandeur disparaît.)

Don Juan

Quelle fièvre insolite…
Assaille… mes esprits…
D'où montent ces vertiges,
Ce feu rempli d'horreur !…

Le Chœur invisible

C'est peu de chose face à tes fautes.
Il est un mal bien pire[1] ! Viens.

---

1. Allusion à la torture éternelle réservée aux âmes condamnées à l'Enfer.

Don Juan

Qui me lacère[1] l'âme!...
Qui m'étreint les entrailles!...
Quel mal! Quelle torture!
Quel enfer!... Quel effroi!...

Leporello

Quel air de désespoir!...
Quels gestes de damné!...
Quelles plaintes! Quels cris!...
Combien il me fait peur!...
[...]

(Le feu grandit; Don Juan est englouti.)

Don Juan

Ah!...

Leporello

Ah!

Lorenzo Da Ponte, livret pour *Don Giovanni* [1787], trad. de l'italien par Marcel Orcel, GF-Flammarion, 1994.

Alexandre Pouchkine, *Le Convive de Pierre*

En 1830, l'auteur russe Alexandre Pouchkine (1799-1837) rédige plusieurs courtes pièces dont *Le Convive de Pierre*. Don Juan y est un séducteur tombé sous le charme de Dona Anna, la veuve du Commandeur dont il est le meurtrier. La pièce s'achève chez Dona Anna, qui a donné rendez-vous à Don Juan, tandis que celui-ci a invité la Statue du Commandeur à venir y monter la garde.

Don Juan

Vous vous souciez à ce point de la vie
Du malheureux Don Juan? Dona Anna,
Ton âme d'ange ignore donc la haine?

---

1. **Lacère**: tranche, blesse profondément.

DONA ANNA

Moi, vous haïr! ah, si je le pouvais!
Pourtant, il faut que nous nous séparions.

DON JUAN

Quand nous reverrons-nous?

DONA ANNA

          Je ne sais pas.

Un jour.

DON JUAN

    Demain, peut-être?

DONA ANNA

        Où donc?

DON JUAN

         Ici.

DONA ANNA

Don Juan, ah j'ai le cœur si faible.

DON JUAN

            Un seul

Baiser de paix et de pardon…

DONA ANNA

           Assez,

Va-t'en.

DON JUAN

Un seul, paisible, sans chaleur…

DONA ANNA

Que tu sais insister! mais tiens, voilà.
Qui frappe ici?… oh, cache-toi, Don Juan.

DON JUAN

Adieu donc, au revoir, mon bel amour.

Il sort et revient en courant.

Ah !

DONA ANNA

Tu ?… Ah !…

Entre la Statue du Commandeur.
Dona Anna tombe.

LA STATUE

Je parais à ta demande.

DON JUAN

Ô Dieu ! Dona Anna !

LA STATUE

Renonce à elle.
Tout est fini. Don Juan, tu trembles.

DON JUAN

Moi ?
Je t'avais invité, je suis content.

LA STATUE

Ta main.

DON JUAN

Tiens, la voilà… oh, qu'elle est lourde,
Cette dextre[1] de pierre qui me prend !
Libère-moi, laisse – laisse ma main…
Je meurs – tout est fini – Dona Anna !

Ils s'engloutissent.

Alexandre Pouchkine, *Le Convive de Pierre et autres scènes dramatiques* [1830], scène 4, trad. du russe par André Markowicz, Actes Sud, « Babel », 2006.
© Actes Sud, 2006.

---

1. **Dextre** : main droite.

Charles Baudelaire, « Don Juan aux enfers »

Au XIXe siècle, les romantiques se saisissent de la figure de Don Juan qui devient sous leur plume un être mélancolique, incarnant la rébellion de l'individu solitaire face à la société et à la religion. Dans un poème du recueil *Les Fleurs du mal*, Charles Baudelaire (1821-1867) évoque Don Juan après sa mort. Il l'imagine dans les enfers de la mythologie grecque, sur la barque de Charon, personnage qui assure le passage des morts sur sa barque en échange d'une pièce de monnaie.

DON JUAN AUX ENFERS

Quand Don Juan descendit vers l'onde[1] souterraine
Et lorsqu'il eut donné son obole[2] à Charon,
Un sombre mendiant, l'œil fier comme Antisthène[3],
D'un bras vengeur et fort saisit chaque aviron.

Montrant leurs seins pendants et leurs robes ouvertes,
Des femmes se tordaient sous le noir firmament[4],
Et, comme un grand troupeau de victimes offertes,
Derrière lui traînaient un long mugissement.

Sganarelle en riant lui réclamait ses gages,
Tandis que Don Luis avec un doigt tremblant
Montrait à tous les morts errant sur les rivages
Le fils audacieux qui railla son front blanc.

Frissonnant sous son deuil, la chaste[5] et maigre Elvire,
Près de l'époux perfide[6] et qui fut son amant,
Semblait lui réclamer un suprême sourire
Où brillât la douceur de son premier serment.

---

1. **Onde** : eau. Allusion au Styx, fleuve des enfers que les morts devaient traverser, dans la mythologie grecque.
2. **Obole** : pièce de monnaie.
3. **Antisthène** (444-365 av. J.-C.) : philosophe grec.
4. **Firmament** : ciel.
5. **Chaste** : pure.
6. **Perfide** : sournois, traître.

Tout droit dans son armure, un grand homme de pierre
Se tenait à la barre et coupait le flot noir ;
Mais le calme héros, courbé sur sa rapière[1],
Regardait le sillage[2] et ne daignait rien voir.

Charles Baudelaire, *Les Fleurs du mal* [1861], « Spleen et Idéal »,
Belin-Gallimard, « Classico », 2018.

Albert Camus, *Le Mythe de Sisyphe*

Albert Camus (1913-1960) est un philosophe de l'absurde : pour lui, le monde et l'existence humaine sont dénués de sens. S'emparant de la figure de Don Juan, Camus l'interprète au regard de cette pensée et envisage, dans un essai intitulé *Le Mythe de Sisyphe*, une autre fin pour le personnage.

La foudre et le tonnerre peuvent regagner le ciel factice[3] d'où on les appela. La vraie tragédie se joue en dehors d'eux. Non, ce n'est pas sous une main de pierre que Don Juan est mort. Je crois volontiers à la bravade légendaire[4], à ce rire insensé de l'homme sain provoquant un dieu qui n'existe pas. Mais je crois surtout que ce soir où Don Juan attendait chez Anna[5], le Commandeur ne vint pas et que l'impie dut sentir, passé minuit, la terrible amertume de ceux qui ont eu raison. J'accepte plus volontiers encore le récit de sa vie qui le fait s'ensevelir, pour terminer, dans un couvent[6]. Ce n'est pas que le côté édifiant[7] de l'histoire puisse être tenu pour vraisemblable. Quel refuge aller demander à Dieu ? Mais cela figure plutôt le logique aboutissement d'une vie tout entière pénétrée d'absurde, le farouche dénouement d'une existence tournée vers des joies sans lendemain. La jouissance

---

1. Rapière : grande épée à lame fine.
2. Sillage : trace que laisse derrière lui un bateau.
3. Factice : artificiel, inventé.
4. Bravade légendaire : défi mémorable.
5. Camus fait allusion à d'autres versions de la pièce que celle de Molière ; en effet, dans plusieurs réécritures apparaît un personnage nommé Anna.
6. Allusion au dénouement proposé dans la réécriture de Prosper Mérimée, *Les Âmes du purgatoire* (1834).
7. Édifiant : dont il faut tirer des leçons.

s'achève ici en ascèse[1]. Il faut comprendre qu'elles peuvent être comme les deux visages d'un même dénuement. Quelle image plus effrayante souhaiter : celle d'un homme que son corps trahit et qui, faute d'être mort à temps, consomme la comédie en attendant la fin, face à face avec ce dieu qu'il n'adore pas, le servant comme il a servi la vie, agenouillé devant le vide et les bras tendus vers un ciel sans éloquence qu'il sait aussi sans profondeur.

Albert Camus, *Le Mythe de Sisyphe* [1942], Gallimard, « Folio essais », 2013.

Groupement 2
Le libertinage au XVIIe siècle

Nicolas Vauquelin des Yveteaux, « Avoir peu de parents… »

Nicolas Vauquelin (1567-1649) a fait partie de l'entourage aux mœurs très libres du roi Henri IV avant d'être disgracié par Marie de Médicis, l'épouse d'Henri IV, devenue régente à sa mort. Vauquelin a alors quitté la cour pour se retirer dans sa maison parisienne où il a vécu de façon extravagante, passant des journées entières déguisé en berger à réciter des vers à sa belle. Dans le sonnet suivant, il prône une vie de plaisirs tranquilles, détachée des préoccupations sociales et religieuses.

> Avoir peu de parents, moins de train que de rente[2],
> Et chercher en tout temps l'honnête volupté[3],
> Contenter ses désirs, maintenir sa santé,
> Et l'âme de procès et de vices exempte[4] ;

---

1. **Ascèse** : vie simple et austère.
2. **Moins de train que de rente** : moins de dépenses que de revenus.
3. **Volupté** : ici, plaisir des sens.
4. **De procès et de vices exempte** : affranchie, libérée de toute agitation et de tout penchant néfaste.

À rien d'ambitieux ne mettre son attente,
Voir ceux de sa maison en quelque autorité,
Mais sans besoin d'appui garder sa liberté,
De peur de s'engager à rien qui mécontente ;

Les jardins, les tableaux, la musique, les vers,
Une table fort libre et peu de couverts,
Avoir bien plus d'amour pour soi que pour sa dame,

Être estimé du Prince, et le voir rarement,
Beaucoup d'honneur sans peine et peu d'enfants sans femme
Font attendre à Paris la mort doucement.

Nicolas Vauquelin des Yveteaux, *Œuvres poétiques* [xvie-xviie s.], Aubry, 1854.
Orthographe modernisée par Justine Francioli.

Théophile de Viau, « Ode »

Théophile de Viau (1590-1626) a été protestant puis libertin athée avant de se convertir au catholicisme. Son athéisme a été la cause de persécutions : il a été emprisonné et exilé pour avoir composé des vers jugés irrespectueux à l'égard de la religion. Toutefois ses poèmes ont eu un grand succès. Dans le début de cette « Ode », le poète annonce à son ingrate bien-aimée qu'après quelques instants de plaisir charnel, il cesse de l'aimer pour retrouver sa liberté.

Ode

Cloris pour ce petit moment
D'une volupté frénétique[1],
Crois-tu que mon esprit se pique[2]
De t'aimer éternellement ?
Lors que mes ardeurs sont passées,
La raison change mes pensées,

---

1. **Volupté frénétique** : plaisir physique intense, plein de fièvre.
2. **Se pique** : prétende.

Et perdant l'amoureuse erreur,
Je me trouve dans des tristesses
Qui font que tes délicatesses
Commencent à me faire horreur.

À voir tant fuir ta beauté,
Je me lasse de la poursuivre,
Et me suis résolu de vivre
Avec un peu de liberté.
Il ne me faut qu'une disgrâce[1],
Qu'encore un trait de cette audace
Qui t'a fait manquer de foi[2],
Après tiens-moi pour un infâme
Si jamais mes yeux ni mon âme
Songent à s'approcher de toi.
[...]

Théophile de Viau, *Œuvres poétiques* [XVIIe s.],
deuxième partie, Droz-Minard, 1958-1967.
Orthographe modernisée par Justine Francioli.

François de La Mothe Le Vayer, « De la divinité »

François de La Mothe Le Vayer (1588-1672) a été nommé précepteur de l'un des fils de Louis XIII et a été membre de l'Académie française. Malgré cette proximité avec le pouvoir royal, il cachait des pensées sceptiques, voire athées. Il a publié sous un pseudonyme des *Dialogues faits à l'imitation des Anciens*, dans lesquels un narrateur critique et tourne en dérision les croyances établies de façon provocatrice. Dans « De la divinité », il conteste la croyance selon laquelle le monde est gouverné par la volonté de Dieu. Selon lui, les erreurs de la nature sont la preuve de l'inexistence de Dieu, et les actes de foi sont par conséquent des habitudes vaines, qu'on a imposées au peuple pour mieux le soumettre.

---

1. **Disgrâce** : perte de la considération, des faveurs que tu avais pour moi.
2. **Foi** : confiance, amour.

Or est-il que nous y remarquons des défauts infinis, mille monstres[1] qui font honte à la nature, tant de fleuves qui gâtent[2] des pays ou tombent inutilement dans la mer, lesquels fertiliseraient heureusement des contrées désertes pour leur trop grande aridité, tant de coups de foudre qui tombent inutilement sur les cimes du Caucase[3], laissant toute sorte de crimes impunis […]. Bref il s'y observe pour ceux qui se sont voulu étendre sur ce sujet des manquements[4] innombrables, soit dans l'ordre général, soit dans le particulier. Et partant, ajoutent-ils, établissant un Dieu[5], il faut ou qu'il laisse tout aller à la discrétion de ne sais quelles Parques[6], et que Jupiter d'Homère ait eu raison de se plaindre de ne pouvoir exempter son fils Sarpédon[7] de la nécessité, et de ce célèbre *fatum*[8] ; ou que la Fortune[9] seule dispose de toutes choses à son plaisir, soit qu'elles dépendent du fortuit concours et rencontre des atomes de Démocrite[10], soit qu'elles viennent de la contingence de quelques causes purement casuelles[11]. Que si toutes choses sont prédestinées inévitablement de toute éternité, ou dépendent absolument du sort et de la fortune, sans que les dieux s'en entremettent[12], comme les désordres

---

1. Monstres : ici, choses illogiques, anormales, aberrations.
2. Gâtent : ravagent, en les inondant.
3. Caucase : massif montagneux situé au sud de l'actuelle Russie, entre la mer Noire et la mer Caspienne.
4. Manquements : défauts dans leurs raisonnements.
5. Partant, […] établissant un Dieu : à partir de là, supposant l'existence d'un Dieu.
6. À la discrétion : par la libre décision ; **Parques** : dans la mythologie romaine, divinités de la destinée représentées comme des fileuses qui déroulent le fil de la vie humaine et le coupent pour y mettre fin.
7. Sarpédon : dans la mythologie grecque, fils de Zeus (Jupiter) qui devait être tué pendant la guerre de Troie, ce que l'intervention de son père a empêché.
8. *Fatum* : en latin, « destin ».
9. Fortune : hasard.
10. Du fortuit concours et rencontre des Atomes de Démocrite : des interactions entre les atomes. Démocrite (vers 460-370 av. J.-C.) est un philosophe grec qui expliquait la matière par l'existence des atomes.
11. Contingence de quelques causes purement casuelles : hasard de causes tout à fait fortuites, de coïncidences.
12. S'en entremettent : s'en mêlent.

présupposés[1] le montrent assez, il s'ensuit d'une conséquence nécessaire que toutes nos dévotions, nos latries[2], nos prières et oraisons, sont choses vaines et ridicules, inventées par ceux qui voulaient profiter de leur introduction, et confirmées ensuite par l'accoutumance[3] aveugle et populaire, voire même par les plus clairvoyants, qui estimaient cette fiction fort utile à réprimer les plus vicieux[4]. Ce n'est pas que par un zèle indiscret elle n'ait souvent opéré tout au rebours[5],

Religio peperit scelerosa et impia facta[6].

François de La Mothe Le Vayer, « De la divinité », *Cinq dialogues faits à l'imitation des Anciens, par Oratius Tubero* [1631], édité par Jean Savius, 1716. Orthographe modernisée par Justine Francioli.

Cyrano de Bergerac, *Les États et Empires de la Lune*

Jeune homme, Cyrano de Bergerac (1619-1655) a mené une vie de plaisirs à Paris avant de s'engager comme mousquetaire. Il était aussi écrivain; ses idées libertines et son athéisme lui ont attiré des réactions hostiles. Dans un roman d'anticipation, qui est aussi un conte philosophique avant l'heure, *Les États et Empires de la Lune*, il raconte un voyage dans la Lune. C'est l'occasion pour l'auteur de remettre en cause indirectement toutes les normes, religieuses, politiques et sociales et de contester l'ordre établi de façon provocatrice. Ainsi, dans l'extrait suivant, un habitant de la Lune répond au narrateur terrien qui s'étonne de voir que, dans cet autre monde, les pères obéissent à leurs enfants et non l'inverse.

---

1. Désordres présupposés: anormalités, aberrations citées précédemment (les « monstres » qui « font honte à la nature »).
2. Dévotions: marques de respect envers Dieu; **latries**: actes d'adoration de Dieu.
3. Accoutumance: habitude.
4. Réprimer les plus vicieux: soumettre les individus les plus réfractaires aux règles de la société.
5. Opéré tout au rebours: agi à l'inverse de ce qu'elle devait.
6. *Religio peperit scelerosa et impia facta*: en latin, « la religion a engendré des actions criminelles et impies ».

Vous vous étonnez [...] d'une coutume si contraire à celle de votre pays. Elle ne répugne point toutefois à la droite raison[1] ; car en conscience, dites-moi, quand un homme jeune et chaud[2] est en force d'imaginer, de juger et d'exécuter, n'est-il pas plus capable de gouverner une famille qu'un infirme sexagénaire[3] ? [...] Vous savez que la jeunesse seule est propre à l'action ; et si vous n'en êtes pas tout à fait persuadé, dites-moi, je vous prie, quand vous respectez un homme courageux, n'est-ce pas à cause qu'il vous peut venger de vos ennemis ou de vos oppresseurs[4] ? Pourquoi le considérez-vous encore[5], si ce n'est par habitude, quand un bataillon de septante janviers[6] a gelé son sang et tué de froid tous les nobles enthousiasmes dont les jeunes personnes sont échauffées pour la justice ? Lorsque vous déférez au fort[7], n'est-ce pas afin qu'il vous soit obligé d'une victoire que vous ne lui sauriez disputer ? Pourquoi donc vous soumettre à lui, quand la paresse a fondu ses muscles, débilité[8] ses artères, évaporé ses esprits, et sucé la moelle de ses os ? Si vous adoriez une femme, n'était-ce pas à cause de sa beauté ? Pourquoi donc continuer vos génuflexions[9] après que la vieillesse en a fait un fantôme à menacer les vivants de la mort ? Enfin lorsque vous honoriez un homme spirituel, c'était à cause que par la vivacité de son génie il pénétrait une affaire mêlée et la débrouillait[10], qu'il défrayait par son bien dire l'assemblée du plus haut carat[11], qu'il digérait

---

1. Elle ne répugne point [...] à la droite raison : elle ne va pas à l'encontre du bon sens.
2. Chaud : ici, plein de vie.
3. Un infirme sexagénaire : un invalide d'une soixantaine d'années.
4. Oppresseurs : tyrans, personnes qui exercent une autorité excessive et illégitime.
5. Pourquoi le considérez-vous encore : avez-vous toujours du respect pour lui.
6. Un bataillon de septante janviers : une longue succession de soixante-dix mois de janvier.
7. Vous déférez au fort : vous cédez devant plus fort que vous.
8. Débilité : affaibli.
9. Génuflexions : gestes consistant à se mettre à genoux, témoignages d'adoration (terme religieux).
10. Pénétrait une affaire mêlée et la débrouillait : comprenait une situation embrouillée, un débat complexe, et les clarifiait.
11. Défrayait par son bien dire l'assemblée du plus haut carat : fournissait, par son talent oratoire, matière à réflexion à une assemblée de la plus grande valeur, très savante.

les sciences d'une seule pensée et que jamais une belle âme ne forma de plus violents désirs que pour lui ressembler. Et cependant vous lui continuez vos hommages, quand ses organes usés rendent sa tête imbécile et pesante, et lorsqu'en compagnie, il ressemble plutôt, par son silence, la statue d'un dieu foyer[1] qu'un homme capable de raison. Concluez par là [...] qu'il vaut mieux que les jeunes gens soient pourvus[2] du gouvernement des familles que les vieillards.

Cyrano de Bergerac, *Les États et Empires de la Lune* [posth., 1657], Gallimard, «Folio classique», 2004.

Blaise Pascal, *Pensées*

Blaise Pascal (1623-1662) n'est pas un libertin, mais il a fréquenté des libres-penseurs avant de connaître la révélation de l'existence de Dieu. Il s'est alors consacré à la religion et a commencé la rédaction d'une apologie du christianisme, restée inachevée à sa mort et publiée de façon posthume sous le titre de *Pensées*. Le texte suivant se présente comme un dialogue avec un athée. Pour le convaincre de l'existence de Dieu, Pascal adapte son discours, n'utilisant pas une argumentation fondée sur la foi mais sur la logique et les probabilités : il faut parier sur l'existence de Dieu et ne pas hésiter à risquer sa vie terrestre et physique limitée contre une vie céleste et spirituelle illimitée.

Pesons le gain et la perte, en prenant croix[3] que Dieu est[4]. Estimons ces deux cas : si vous gagnez, vous gagnez tout ; si vous perdez, vous ne perdez rien. Gagez donc qu'il est, sans hésiter. – « Cela est admirable. Oui, il faut gager ; mais je gage peut-être trop. » – Voyons. Puisqu'il y a pareil hasard de gain et de perte, si vous n'aviez qu'à gagner deux vies pour une, vous pourriez encore gager ; mais s'il y en avait trois à gagner, il faudrait jouer (puisque

---

1. **Dieu foyer** : divinité de moindre importance protégeant le foyer, la maison dans plusieurs religions païennes. La tournure «ressemble [...] la statue», sans la préposition à, est correcte au XVIIᵉ siècle.
2. **Pourvus** : ici, chargés.
3. Allusion au jeu de pile ou face. Sur la face de la pièce est gravée une croix.
4. **Est** : existe.

vous êtes dans la nécessité de jouer), et vous seriez imprudent, lorsque vous êtes forcé à jouer, de ne pas hasarder votre vie pour en gagner trois à un jeu où il y a pareil hasard de perte et de gain. Mais il y a une éternité de vie et de bonheur. Et cela étant, quand il y aurait[1] une infinité de hasards dont un seul serait pour vous, vous auriez encore raison de gager un pour avoir deux, et vous agiriez de mauvais sens[2], étant obligé à jouer, de refuser de jouer une vie contre trois à un jeu où d'une infinité de hasards il y en a un pour vous, s'il y avait une infinité de vie infiniment heureuse à gagner. Mais il y a ici une infinité de vie infiniment heureuse à gagner, un hasard de gain contre un nombre fini de hasards de perte, et ce que vous jouez est fini[3]. Cela ôte tout parti ; partout où est l'infini, et où il n'y a pas infinité de hasards de perte contre celui de gain, il n'y a point à balancer, il faut tout donner. Et ainsi, quand on est forcé à jouer, il faut renoncer à la raison pour garder la vie, plutôt que de la hasarder pour le gain infini aussi prêt à arriver que la perte du néant.

Blaise Pascal, *Pensées* [posth., 1670],
GF-Flammarion, « GF-Philosophie », 1976.

---

1. **Quand il y aurait** : même s'il y avait.
2. **De mauvais sens** : à tort, sans intelligence.
3. **Fini** : limité.

Questions sur les groupements de textes

■ Réécritures de la mort de Don Juan

a. Les Don Juan évoqués dans ces textes sont-ils semblables à celui de Molière, ou sont-ils au contraire présentés de façon plus positive ou plus négative ? Les différentes images données du personnage témoignent-elles des mêmes interrogations ? Pour répondre, vous serez attentif(-ve) aux époques et aux contextes de rédaction des extraits.

TICE b. Vous pouvez lire la pièce de Thomas Corneille sur le site Internet www.moliere.paris-sorbonne.fr/Festin-Corneille.php. Cherchez les passages qui correspondent aux extraits du texte de Molière étudiés en lectures analytiques (→ voir « Vers l'oral du Bac » p. 29-31, 57-59, 82-84, 117-119). Quelles différences observez-vous entre les deux versions ?

■ Le libertinage au XVIIe siècle

TICE a. À l'aide de dictionnaires en ligne comme le Trésor de la Langue Française informatisé (http://atilf.atilf.fr/) et les dictionnaires du XVIIe siècle disponibles sur le site www.lexilogos.com/francais_classique.htm, précisez le sens des mots suivants : libertin, athée, épicurien, hédoniste.

b. Expliquez quels aspects du libertinage sont illustrés par chacun des textes du groupement. Montrez que l'argumentation de Pascal, qui lui-même n'est pas libertin au moment où il écrit, est propre à convaincre un libertin.

TICE c. À l'aide du site Internet qui lui est consacré, www.gassendi.fr/index.php, dressez le portrait de Pierre Gassendi, un intellectuel libertin dont la philosophie a influencé Molière et plusieurs auteurs libertins comme Cyrano de Bergerac.

Vers l'écrit du Bac

L'épreuve écrite du Bac de français s'appuie sur un corpus (ensemble de textes et de documents iconographiques). Le sujet se compose de deux parties : une ou deux questions portant sur le corpus puis trois travaux d'écriture au choix (commentaire, dissertation, écriture d'invention).

Sujet **Le surnaturel au théâtre**

Objet d'étude *Le texte théâtral et sa représentation, du XVIIe siècle à nos jours*

Corpus

Texte A	William Shakespeare, *Hamlet*
Texte B	Molière, *Dom Juan*
Texte C	Molière, Corneille et Philippe Quinault, *Psyché*
Texte D	Jean Giraudoux, *Amphitryon 38*
Annexes	Images reproduites dans le cahier photos, p. II et III

▶ Texte A
William Shakespeare, *Hamlet* (1603)

La pièce se déroule dans le royaume du Danemark. Le texte suivant est extrait de la scène d'exposition. Sur les remparts du château, la nuit, c'est le moment de la relève de la garde : trois soldats débutent leur tour de guet.

BERNARDO
Bienvenue, Horatio, bienvenue, cher Marcellus.

MARCELLUS
Eh bien, cette chose est-elle de nouveau apparue cette nuit ?

BERNARDO
Je n'ai rien vu.

MARCELLUS
Horatio dit que c'est pure imagination,
Et se refuse à croire
À cette terrible vision que par deux fois nous avons eue.
C'est pourquoi je l'ai prié de venir
Avec nous épier les minutes de cette nuit,
Afin qu'il puisse, si cette apparition revient,
Confirmer le témoignage de nos yeux et lui parler.

HORATIO
Allons, allons, elle ne paraîtra pas.

BERNARDO
Asseyez-vous un moment,
Et laissez-nous une fois de plus assaillir vos oreilles,
Qui sont si fortifiées contre notre récit,
En vous redisant ce que deux nuits nous avons vu.

HORATIO
Eh bien, asseyons-nous
Et écoutons les paroles de Bernardo.

BERNARDO

La toute dernière nuit,
Quand l'étoile là-bas qui est à l'ouest du pôle
Eut achevé sa course et vint illuminer cette partie du ciel
Où maintenant elle brille, Marcellus et moi-même,
La cloche sonnant alors une heure…

MARCELLUS

Paix, ne parle plus, regarde, là, il revient.

Entre le Spectre.

BERNARDO

Et sous le même aspect que le roi qui est mort.

MARCELLUS

Toi qui es savant, parle-lui, Horatio.

BERNARDO

N'est-il pas semblable au roi ? Observe-le, Horatio.

HORATIO

Très semblable, j'en suis bouleversé d'effroi et de stupeur.

BERNARDO

Il voudrait qu'on lui parle.

MARCELLUS

Questionne-le, Horatio.

HORATIO

Qui es-tu, toi qui usurpes[1] ce temps de nuit,
Ainsi que cette noble et guerrière figure,
Sous laquelle la Majesté de Danemark enseveli
Naguère marchait ? Par le Ciel, je te l'ordonne, parle !

MARCELLUS

Il est offensé.

---

1. Qui usurpes : qui voles, qui t'attribues illégitimement.

BERNARDO

Voyez, il s'éloigne fièrement.

HORATIO

Reste, parle, parle, je te l'ordonne, parle !

Sort le Spectre.

<sub>William Shakespeare, *Hamlet* [1603], acte I, scène 1,
trad. de l'anglais par Jean-Michel Déprats.
© Éditions Gallimard, 2002.</sub>

▶ Texte B
Molière, *Dom Juan* (1665)

Scène 4
DOM JUAN, SGANARELLE

SGANARELLE. – Monsieur, quel diable de style prenez-vous là ? Ceci est bien pis que le reste, et je vous aimerais bien mieux encore comme vous étiez auparavant. J'espérais toujours de votre salut ; mais c'est maintenant que j'en désespère ; et je crois que le Ciel, qui vous a souffert jusques ici, ne pourra souffrir du tout cette dernière horreur.

DOM JUAN. – Va, va, le Ciel n'est pas si exact que tu penses ; et si toutes les fois que les hommes…

SGANARELLE. – Ah, Monsieur, c'est le Ciel qui vous parle, et c'est un avis qu'il vous donne.

DOM JUAN. – Si le Ciel me donne un avis, il faut qu'il parle un peu plus clairement, s'il veut que je l'entende.

Scène 5
DOM JUAN, UN SPECTRE, *en femme voilée*, SGANARELLE

LE SPECTRE. – Dom Juan n'a plus qu'un moment à pouvoir profiter de la miséricorde du Ciel ; et s'il ne se repent ici, sa perte est résolue.

Sganarelle. – Entendez-vous, Monsieur ?

Dom Juan. – Qui ose tenir ces paroles ? Je crois connaître cette voix.

Sganarelle. – Ah ! Monsieur, c'est un spectre : je le reconnais au marcher.

Dom Juan. – Spectre, fantôme, ou diable, je veux voir ce que c'est.

*Le Spectre change de figure et représente
le Temps avec sa faux à la main.*

Sganarelle. – Ô Ciel ! voyez-vous, Monsieur, ce changement de figure ?

Dom Juan. – Non, non, rien n'est capable de m'imprimer de la terreur, et je veux éprouver[1] avec mon épée si c'est un corps ou un esprit.

*Le Spectre s'envole dans le temps que[2]
Dom Juan le veut frapper.*

Sganarelle. – Ah ! Monsieur, rendez-vous à tant de preuves, et jetez-vous vite dans le repentir.

Dom Juan. – Non, non, il ne sera pas dit, quoi qu'il arrive, que je sois capable de me repentir. Allons, suis-moi.

Scène 6
La Statue, Dom Juan, Sganarelle

La Statue. – Arrêtez, Dom Juan : vous m'avez hier donné parole de venir manger avec moi.

Dom Juan. – Oui. Où faut-il aller ?

La Statue. – Donnez-moi la main.

Dom Juan. – La voilà.

---

1. **Éprouver** : tester.
2. **Dans le temps que** : au moment où.

La Statue. – Dom Juan, l'endurcissement au péché traîne[1] une mort funeste, et les grâces du Ciel que l'on renvoie ouvrent un chemin à sa foudre.

Dom Juan. – Ô Ciel ! que sens-je ? Un feu invisible me brûle, je n'en puis plus et tout mon corps devient {un brasier ardent, ah !

Le tonnerre tombe avec un grand bruit et de grands éclairs sur Dom Juan ; la terre s'ouvre et l'abîme ; et il sort de grands feux de l'endroit où il est tombé.}[2]

Sganarelle. – Ah ! [mes gages[3], mes gages !] Voilà par sa mort un chacun satisfait : Ciel offensé, lois violées, filles séduites, familles déshonorées, parents outragés, femmes mises à mal, maris poussés à bout, tout le monde est content. Il n'y a que moi seul de malheureux. [Mes gages, mes gages, mes gages !][4]

Molière, *Dom Juan* [1665], acte V, scènes 4, 5, 6.

▶ Texte C
Molière, Corneille et Philippe Quinault, *Psyché* (1671)

En 1671, Molière écrit *Psyché*, œuvre récitée, chantée et dansée. Il se fait aider de Corneille et de Quinault tandis que Lully compose la musique. L'histoire est tirée des *Métamorphoses* de l'écrivain latin Apulée : la déesse Vénus, qui ne supporte pas que l'humaine Psyché séduise tous ceux qui la voient, demande à son fils, l'Amour, de l'aider à la faire souffrir. Mais l'Amour lui-même tombe amoureux de Psyché. Furieuse, Vénus donne un coup violent à Psyché, qui s'évanouit. Lors du dénouement, Jupiter, le *deus ex machina*, apparaît…

Après quelques éclairs et roulements de Tonnerre, Jupiter paraît sur son Aigle.

---

1. Traîne : entraîne.
2. Dans l'édition de 1683, le passage entre accolades est remplacé par des points de suspension et la didascalie est absente.
3. Gages : salaire d'un domestique.
4. Les passages entre crochets ne figurent pas dans les éditions cartonnée et non-cartonnée de 1682.

L'Amour

Vous à qui seul tout est possible,
Père des Dieux, Souverain des mortels,
Fléchissez la rigueur d'une Mère inflexible
    Qui sans moi n'aurait point d'Autels.
J'ai pleuré, j'ai prié, je soupire, menace,
    Et perds menaces et soupirs ;
Elle ne veut pas voir que de mes déplaisirs
Dépend du Monde entier l'heureuse, ou triste face,
    Et que si Psyché perd le jour,
Si Psyché n'est à moi, je ne suis plus l'Amour.
[…]

Jupiter

Ma Fille, sois-lui moins sévère.
Tu tiens de sa Psyché le destin entre tes mains,
La Parque[1] au moindre mot va suivre ta colère,
Parle, et laisse-toi vaincre aux tendresses de Mère,
Ou redoute un courroux que moi-même je crains.
    Veux-tu donner le monde en proie
À la haine, au désordre, à la confusion,
        Et d'un Dieu d'union,
        D'un Dieu de douceurs et de joie,
Faire un Dieu d'amertume et de division ?
    Considère ce que nous sommes,
Et si les passions doivent nous dominer,
    Plus la vengeance a de quoi plaire aux Hommes,
    Plus il sied bien aux Dieux de pardonner.

Vénus

Je pardonne à ce Fils rebelle ;
Mais voulez-vous qu'il me soit reproché
    Qu'une misérable Mortelle,
L'objet de mon courroux, l'orgueilleuse Psyché,

---

1. Parque : dans la mythologie romaine, une des divinités de la destinée humaine, représentées comme des fileuses qui déroulent le fil de la vie humaine et le coupent pour y mettre fin.

Sous ombre[1] qu'elle est un peu belle,
Par un Hymen[2] dont je rougis,
Souille mon alliance, et le lit de mon Fils ?

JUPITER

Hé bien, je la fais immortelle,
Afin d'y rendre tout égal[3].

VÉNUS

Je n'ai plus de mépris, ni de haine pour elle,
Et l'admets à l'honneur de ce nœud conjugal[4].
Psyché, reprenez la lumière[5],
Pour ne la reperdre jamais,
Jupiter a fait votre paix,
Et je quitte cette humeur fière[6]
Qui s'opposait à vos souhaits.

PSYCHÉ

C'est donc vous, ô grande Déesse,
Qui redonnez la vie à ce cœur innocent !

VÉNUS

Jupiter vous fait grâce, et ma colère cesse.
Vivez, Vénus l'ordonne ; aimez, elle y consent.

PSYCHÉ, *à l'Amour.*

Je vous revois enfin, cher objet de ma flamme !

L'AMOUR, *à Psyché.*

Je vous possède enfin, délices de mon âme !

---

1. Sous ombre : sous prétexte.
2. Hymen, hyménée : mariage.
3. Rendre tout égal : rendre les deux partis égaux, mettre les amoureux à égalité.
4. Nœud conjugal : lien du mariage.
5. Reprenez la lumière : reprenez vie, reprenez conscience.
6. Humeur fière : attitude farouche, sauvage (sens du XVIIe siècle).

Jupiter
Venez, Amants, venez aux Cieux
Achever un si grand et si digne Hyménée ;
Viens-y, belle Psyché, changer de Destinée,
Viens prendre place au rang des Dieux.

Deux grandes Machines descendent aux deux côtés de Jupiter, cependant qu'il dit ces derniers Vers. Vénus avec sa Suite monte dans l'une, l'Amour avec Psyché dans l'autre, et tous ensemble remontent au Ciel.

Molière, Corneille et Philippe Quinault, *Psyché* [1671], acte V, scène 6.

▶ Texte D
Jean Giraudoux, *Amphitryon 38* (1929)

Cette pièce de Jean Giraudoux est inspirée d'un mythe antique. Jupiter veut séduire Alcmène qui est résolument fidèle à Amphitryon, son époux. Pour approcher la femme qu'il convoite et parvenir à ses fins, il lui faut donc éloigner celui-ci en l'envoyant à la guerre et prendre son apparence. À l'aide des conseils de Mercure, Jupiter achève sa métamorphose en être humain, avant de se présenter devant Alcmène.

Jupiter. – As-tu maintenant l'impression d'être devant un homme ?

Mercure. – Pas encore. Ce que je constate surtout, devant un homme, devant un corps vivant d'homme, c'est qu'il change à chaque seconde, qu'incessamment il vieillit. Jusque dans ses yeux, je vois la lumière vieillir.

Jupiter. – Essayons. Et pour m'y habituer, je me répète : je vais mourir, je vais mourir…

Mercure. – Oh ! Oh ! Un peu vite ! Je vois vos cheveux pousser, vos ongles s'allonger, vos rides se creuser… Là, là, plus lentement, ménagez vos ventricules. Vous vivez en ce moment la vie d'un chien ou d'un chat.

Jupiter. – Comme cela ?

MERCURE. – Les battements trop espacés maintenant. C'est le rythme des poissons… Là… là… Voilà ce galop moyen, cet amble[1], auquel Amphitryon reconnaît ses chevaux et Alcmène le cœur de son mari…

JUPITER. – Tes dernières recommandations ?

MERCURE. – Et votre cerveau ?

JUPITER. – Mon cerveau ?

MERCURE. – Oui, votre cerveau… Il convient d'y remplacer d'urgence les notions divines par les humaines… Que pensez-vous ? Que croyez-vous ? Quelles sont vos vues de l'univers, maintenant que vous êtes homme ?

JUPITER. – Mes vues de l'univers ? Je crois que cette terre plate est toute plate, que l'eau est simplement de l'eau, que l'air est simplement de l'air, la nature la nature, et l'esprit l'esprit… C'est tout ?

MERCURE. – Avez-vous le désir de séparer vos cheveux par une raie et de les maintenir par un fixatif ?

JUPITER. – En effet, je l'ai.

MERCURE. – Avez-vous l'idée que vous seul existez, que vous n'êtes sûr que de votre propre existence ?

JUPITER. – Oui. C'est même très curieux d'être ainsi emprisonné en soi-même.

MERCURE. – Avez-vous l'idée que vous pourrez mourir un jour ?

JUPITER. – Non. Que mes amis mourront, pauvres amis, hélas oui ! Mais pas moi.

MERCURE. – Avez-vous oublié toutes celles que vous avez déjà aimées ?

JUPITER. – Moi ? Aimer ? Je n'ai jamais aimé personne ! Je n'ai jamais aimé qu'Alcmène.

MERCURE. – Très bien ! Et le ciel, qu'en pensez-vous ?

---

1. **Amble** : allure d'un cheval, entre le pas et le trot.

Jupiter. – Ce ciel, je pense qu'il est à moi, et beaucoup plus depuis que je suis mortel que lorsque j'étais Jupiter ! Et ce système solaire, je pense qu'il est bien petit, et la terre immense, et je me sens soudain plus beau qu'Apollon, plus brave et plus capable d'exploits amoureux que Mars, et pour la première fois, je me crois, je me vois, je me sens vraiment maître des dieux.

Mercure. – Alors vous voilà vraiment homme !... Allez-y !

Mercure disparaît.

Jean Giraudoux, *Amphitryon 38* [1929], acte I, scène 5.
© Grasset.

▶ Annexes
Mises en scène et adaptation cinématographique de *Dom Juan*.

➡ Images reproduites dans le cahier photos, p. II et III.

■ *Questions sur le corpus*
(4 points pour les séries générales ou 6 points pour les séries technologiques)

1. Dans les scènes du corpus, quelles réactions les personnages ou les événements surnaturels peuvent-ils susciter chez les spectateurs ? Déduisez-en le registre de chacun des extraits.

2. Parmi les photographies proposées en annexes, identifiez celles qui représentent la fin de la pièce et comparez les choix des metteurs en scène avec le dénouement de Molière (texte B).

■ *Travaux d'écriture*
(16 points pour les séries générales ou 14 points pour les séries technologiques)

Commentaire (séries générales)
Vous ferez le commentaire des scènes 4, 5 et 6 de l'acte V de *Dom Juan* de Molière (texte B).

Commentaire (séries technologiques)
Vous ferez le commentaire de la scène d'*Amphitryon 38* de Jean Giraudoux (texte D) en suivant le parcours de lecture suivant :
– vous montrerez d'abord qu'elle constitue un passage burlesque, c'est-à-dire une scène qui traite avec dérision un sujet et des personnages nobles, ici les dieux ;
– vous analyserez ensuite la satire des défauts des hommes contenue dans l'extrait.

Dissertation
Tant en matière d'effets spéciaux que d'imitation de la réalité, le cinéma semble avoir dépassé le théâtre. Pour autant, le théâtre ne peut-il pas rivaliser avec le cinéma ?
Vous répondrez à cette question en vous appuyant sur les documents du corpus (textes et annexes) ainsi que sur les œuvres que vous avez lues, étudiées en classe ou vues au théâtre.

Écriture d'invention
Écrivez une autre fin pour l'extrait de *Psyché* (texte B).
Vous reprendrez les derniers vers de la réplique de l'Amour et vous continuerez en imaginant un dénouement tragique mettant en scène les mêmes personnages et éventuellement d'autres. Vous pourrez écrire en vers ou en prose.

Fenêtres sur...

Des ouvrages à lire

D'autres pièces de Molière
- Molière, *Le Tartuffe* [1664], Belin-Gallimard, «Classico», 2016.
- Molière, *Psyché* [1671], dans Molière, *Œuvres complètes*, Gallimard, «Bibliothèque de la Pléiade», 2010.

Une biographie romancée de Molière
- Mikhail Boulgakov, *Le Roman de Monsieur de Molière*, Gallimard, «Folio», 1972.

Un ouvrage sur le théâtre
- André Degaine, *Histoire du théâtre dessinée*, Nizet, 1992.

Différentes versions et réécritures de la pièce
- Tirso de Molina, *L'Abuseur de Séville* [1630], Aubier, «Domaine hispanique», 1991.
- Thomas Corneille, *Le Festin de Pierre* [1683], dans Molière, *Œuvres complètes*, Gallimard, «Bibliothèque de la Pléiade», 2010.

- Alexandre Pouchkine, *Le Convive de Pierre et autres scènes dramatiques* [1830], Actes Sud, «Babel», 2006.
- Prosper Mérimée, *Les Âmes du purgatoire* [1834], LGF, «Le livre de Poche», 1998.
- Henry de Montherlant, *La mort qui fait le trottoir (Don Juan)* [1956], Gallimard, «Folio», 1972.
- Éric-Emmanuel Schmitt, *La Nuit de Valognes* [1991], Magnard, «Classiques & contemporains», 2004.

Un roman d'un libertin
- Cyrano de Bergerac, *Les États et Empires de la Lune* [1657, posth.], Gallimard, «Folio classique», 2004.

Des mises en scène et des films à voir
(Les œuvres citées ci-dessous sont disponibles en DVD.)

Des mises en scène de la pièce
- *Dom Juan*, mise en scène de Jacques Lassalle à la Comédie-Française, 2002.
- *Dom Juan*, mise en scène de Daniel Mesguich au théâtre du Gymnase, 2003.

Des adaptations pour le petit et le grand écran
- Marcel Bluwal, *Dom Juan*, adaptation de la pièce de Molière [1665], avec Michel Piccoli et Claude Brasseur, 1965.
- Joseph Losey, *Don Giovanni*, adaptation de l'opéra de Mozart [1781], 2008.

Des films sur Molière et son époque
- Ariane Mnouchkine, *Molière*, avec Philippe Caubère, 1978.
- Gérard Corbiau, *Le roi danse*, avec Benoît Magimel et Tchéky Karyo, 2000.
- Laurent Tirard, *Molière*, avec Romain Duris et Fabrice Luchini, 2000.

🏛 Des œuvres d'art à découvrir

(Toutes les œuvres ci-dessous peuvent être vues sur Internet.)

Le mythe de Don Juan en peinture
- Alexandre-Évariste Fragonard, *Don Juan et la Statue du Commandeur* [vers 1830], huile sur toile, Strasbourg, musée des Beaux-Arts.
- Eugène Delacroix, *Le Naufrage de Don Juan* [1841], huile sur toile, Paris, musée du Louvre.

Un tableau baroque qui fait écho au dénouement de *Dom Juan*
- Pedro de Camprobín, *Le Galant et la Mort*, huile sur toile, Séville, Hôpital de la Charité.

@ Des sites Internet à consulter

Sur Molière
- www.comedie-francaise.fr/histoire-et-patrimoine.php?id=511
- www.toutmoliere.net/
- www.site-moliere.com/

Autour de *Dom Juan* : versions du texte, bibliographie et contexte historique
- www.don-juan.net/

Une exposition virtuelle sur un autre séducteur célèbre, Casanova
- http://expositions.bnf.fr/casanova/

Un article sur le baroque et le classicisme en peinture
- http://www.grandpalais.fr/fr/article/le-xviie-siecle

Glossaire

Aparté: réplique prononcée par un personnage sans que les autres personnages présents sur scène ne l'entendent.

Baroque: mouvement littéraire et artistique européen de la fin du XVIe siècle et du début du XVIIe siècle. Il se caractérise par une grande liberté d'écriture et un foisonnement d'images. Les thèmes privilégiés sont l'inconstance du monde et des hommes, l'illusion, le rêve.

Burlesque: registre comique qui repose sur l'utilisation d'un style familier ou trivial pour évoquer un sujet grave ou noble.

Classicisme: mouvement littéraire et artistique européen de la deuxième moitié du XVIIe siècle. Il se caractérise par une recherche de la perfection et de l'équilibre dans le respect de règles et de conventions, et par l'importance accordée à la raison.

Comédie: genre théâtral destiné à faire rire le spectateur. L'intrigue met en scène le plus souvent des bourgeois et/ou des valets. Le dénouement est heureux.

Commedia dell'arte: type de théâtre populaire italien, apparu au XVIe siècle, qui repose sur l'improvisation des comédiens, costumés et masqués, à partir d'un scénario (appelé aussi canevas) et de personnages types.

Coup de théâtre: brusque retournement de situation.

Dénouement: résolution, heureuse ou malheureuse, de l'intrigue à la fin d'une pièce.

Deus ex machina: expression latine, signifiant «dieu issu d'une machine», qui désigne l'intervention impromptue d'un dieu pour résoudre l'intrigue.

Didascalie: indication donnée par l'auteur pour jouer la pièce (décor, gestes, ton…).

Double énonciation: situation d'énonciation propre au théâtre. Les paroles des personnages ont deux destinataires, les autres personnages sur scène et le public dans la salle.

Exposition: première(s) scène(s) d'une pièce de théâtre, dont les fonctions sont de donner aux spectateurs les informations nécessaires à la compréhension de l'intrigue et de susciter leur intérêt.

Farce: courte pièce d'origine médiévale, dont le comique repose sur des personnages bouffons et un comique grossier.

Nœud: moment de l'intrigue où un obstacle vient contrarier l'action en cours.

Parodie: réécriture comique d'un texte.

Pastorale: pièce qui met en scène les amours de bergers et de bergères vivant en harmonie avec la nature et s'exprimant dans un langage raffiné.

Pathétique: registre qui suscite la pitié des spectateurs pour une victime innocente qui souffre.

Péripétie: événement inattendu qui modifie le cours de l'action.

Pièce à machines: pièce dont la représentation nécessite des moyens mécaniques (fils, poulies, rails, contrepoids) pour les changements de décors et les effets spéciaux.

Règle des trois unités: règle du théâtre classique selon laquelle l'histoire doit se dérouler en un seul lieu (unité de lieu) et une seule journée (unité de temps), et ne comporter qu'une seule intrigue (unité d'action).

Tirade : longue réplique prononcée sans interruption par un autre personnage. Ne pas confondre avec le monologue, qui est dit par un personnage seul en scène.

Tragédie : genre théâtral qui met en scène des personnages, supérieurs en raison de leur noblesse ou de la force de leurs passions, qui sont attirés malgré eux vers le malheur par une force transcendante (fatalité, destin) et dont le sort suscite la pitié et la crainte du spectateur.

Tragi-comédie : genre théâtral, en vogue à l'époque baroque, qui met en scène des personnages nobles confrontés à des difficultés tragiques, mais dont le dénouement est heureux. L'intrigue repose sur de nombreux rebondissements, sans réel souci de vraisemblance.

Notes

Notes

Notes

Dans la même collection

CLASSICOCOLLÈGE

14-18 Lettres d'écrivains (anthologie) (1)
Contes (Andersen, Aulnoy, Grimm, Perrault) (93)
Douze nouvelles contemporaines (anthologie) (119)
Fabliaux (94)
La Farce de maître Pathelin (75)
Gilgamesh (17)
Histoires de vampires (33)
Les Mille et Une Nuits : Aladin, Ali Baba, Sindbâd (156)
La Poésie engagée (anthologie) (31)
La Poésie lyrique (anthologie) (49)
Le Roman de Renart (50)
Les textes fondateurs (anthologie) (123)
Neuf nouvelles réalistes (anthologie) (125)
La Vénus d'Ille et autres nouvelles fantastiques (Mérimée, Gautier, Maupassant) (136)
Jean Anouilh – *Le Bal des voleurs* (78)
Guillaume Apollinaire – *Calligrammes* (2)
Louis Aragon – *Le Collaborateur et autres nouvelles sur la guerre* (142)
Honoré de Balzac – *Le Colonel Chabert* (57)
René Barjavel – *Le Voyageur imprudent* (141)
Béroul – *Tristan et Iseut* (61)
Ray Bradbury – *Fahrenheit 451* (152)
Évelyne Brisou-Pellen – *Thésée, Ariane et le Minotaure* (158)
Albert Camus – *Le Malentendu* (114)
Lewis Carroll – *Alice au pays des merveilles* (53)
Driss Chraïbi – *La Civilisation, ma Mère !...* (79)
Chrétien de Troyes – *Érec et Énide* (144)
Chrétien de Troyes – *Lancelot ou le Chevalier de la charrette* (109)
Chrétien de Troyes – *Yvain ou le Chevalier au lion* (3)
Jean Cocteau – *Antigone* (96)
Albert Cohen – *Le Livre de ma mère* (59)
Corneille – *Le Cid* (41)
Didier Daeninckx – *Meurtres pour mémoire* (4)
Dai Sijie – *Balzac et la Petite Tailleuse chinoise* (116)
Annie Ernaux – *La Place* (82)
Georges Feydeau – *Dormez, je le veux !* (76)
Gustave Flaubert – *Un cœur simple* (77)
Romain Gary – *La Vie devant soi* (113)
Jean Giraudoux – *La guerre de Troie n'aura pas lieu* (127)
William Golding – *Sa Majesté des Mouches* (5)

Jacob et Wilhelm Grimm – *Contes* (73)
Homère – *L'Odyssée* (14)
Victor Hugo – *Claude Gueux* (6)
Victor Hugo – *Les Misérables* (110)
Joseph Kessel – *Le Lion* (38)
Rudyard Kipling – *Le Livre de la Jungle* (133)
Jean de La Fontaine – *Fables* (74)
J.M.G. Le Clézio – *Mondo et trois autres histoires* (34)
Mme Leprince de Beaumont – *La Belle et la Bête* (140)
Jack London – *L'Appel de la forêt* (30)
Marivaux – *L'Île des esclaves* (139)
Guy de Maupassant – *Histoire vraie et autres nouvelles* (7)
Guy de Maupassant – *Le Horla* (54)
Guy de Maupassant – *Nouvelles réalistes* (97)
Prosper Mérimée – *Mateo Falcone et La Vénus d'Ille* (8)
Molière – *L'Avare* (51)
Molière – *Le Bourgeois gentilhomme* (62)
Molière – *Les Fourberies de Scapin* (9)
Molière – *George Dandin* (115)
Molière – *Le Malade imaginaire* (42)
Molière – *Le Médecin malgré lui* (13)
Molière – *Le Médecin volant et L'Amour médecin* (52)
Jean Molla – *Sobibor* (32)
Michael Morpurgo – *Cheval de guerre* (154)
Jean-Claude Mourlevat – *Terrienne* (159)
George Orwell – *La Ferme des animaux* (130)
Ovide – *Les Métamorphoses* (37)
Charles Perrault – *Contes* (15)
Edgar Allan Poe – *Trois nouvelles extraordinaires* (16)
Jules Romains – *Knock ou le Triomphe de la médecine* (10)
Edmond Rostand – *Cyrano de Bergerac* (58)
Antoine de Saint-Exupéry – *Lettre à un otage* (11)
William Shakespeare – *Roméo et Juliette* (70)
Sophocle – *Antigone* (81)
John Steinbeck – *Des souris et des hommes* (100)
Robert Louis Stevenson – *L'Étrange Cas du Dr Jekyll et de M. Hyde* (155)
Robert Louis Stevenson – *L'Île au Trésor* (95)
Jean Tardieu – *Quatre courtes pièces* (63)
Michel Tournier – *Vendredi ou la Vie sauvage* (69)
Fred Uhlman – *L'Ami retrouvé* (80)
Paul Verlaine – *Romances sans paroles* (12)
Anne Wiazemsky – *Mon enfant de Berlin* (98)
Émile Zola – *Au Bonheur des Dames* (128)

CLASSICO**LYCÉE**

Des poèmes et des rêves (anthologie) (105)
Guillaume Apollinaire – *Alcools* (25)
Honoré de Balzac – *La Fille aux yeux d'or* (120)
Honoré de Balzac – *Le Colonel Chabert* (131)
Honoré de Balzac – *Le Père Goriot* (99)
Charles Baudelaire – *Les Fleurs du mal* (21)
Charles Baudelaire – *Le Spleen de Paris* (87)
Beaumarchais – *Le Barbier de Séville* (138)
Beaumarchais – *Le Mariage de Figaro* (65)
Ray Bradbury – *Fahrenheit 451* (66)
Albert Camus – *La Peste* (90)
Emmanuel Carrère – *L'Adversaire* (40)
Corneille – *Le Cid* (129)
Corneille – *Médée* (84)
Dai Sijie – *Balzac et la Petite Tailleuse chinoise* (28)
Robert Desnos – *Corps et Biens* (132)
Denis Diderot – *Supplément au Voyage de Bougainville* (56)
Alexandre Dumas – *Pauline* (121)
Marguerite Duras – *Le Ravissement de Lol V. Stein* (134)
Marguerite Duras – *Un barrage contre le Pacifique* (67)
Paul Éluard – *Capitale de la douleur* (91)
Annie Ernaux – *La Place* (35)
Élisabeth Filhol – *La Centrale* (112)
Francis Scott Fitzgerald – *Gatsby le magnifique* (104)
Gustave Flaubert – *Madame Bovary* (89)
François Garde – *Ce qu'il advint du sauvage blanc* (145)
Romain Gary – *La Vie devant soi* (29)
Romain Gary – *Les Cerfs-volants* (157)
Jean Genet – *Les Bonnes* (45)
Jean Giono – *Un roi sans divertissement* (118)
J.-Cl. Grumberg, Ph. Minyana, N. Renaude – *Trois pièces contemporaines* (24)
Victor Hugo – *Le Dernier Jour d'un condamné* (44)
Victor Hugo – *Anthologie poétique* (124)
Victor Hugo – *Ruy Blas* (19)
Victor Hugo – *Les Contemplations* (163)
Eugène Ionesco – *La Cantatrice chauve* (20)
Eugène Ionesco – *Le roi se meurt* (43)
Laclos – *Les Liaisons dangereuses* (88)
Mme de Lafayette – *La Princesse de Clèves* (71)
Jean de La Fontaine – *Fables* (164)
Marivaux – *L'Île des esclaves* (36)
Marivaux – *Le Jeu de l'amour et du hasard* (55)

Guy de Maupassant – *Bel-Ami* (27)
Guy de Maupassant – *Pierre et Jean* (64)
Guy de Maupassant – *Une partie de campagne et autres nouvelles réalistes* (143)
Molière – *Dom Juan* (26)
Molière – *L'École des femmes* (102)
Molière – *Les Femmes savantes* (149)
Molière – *Le Misanthrope* (122)
Molière – *Le Tartuffe* (48)
Montaigne – *Essais* (161)
Montesquieu – *Lettres persanes* (103)
Alfred de Musset – *Lorenzaccio* (111)
Alfred de Musset – *On ne badine pas avec l'amour* (86)
George Orwell – *La Ferme des animaux* (106)
Pierre Péju – *La Petite Chartreuse* (92)
Charles Perrault – *Contes* (137)
Francis Ponge – *Le Parti pris des choses* (72)
Abbé Prévost – *Manon Lescaut* (23)
Racine – *Andromaque* (22)
Racine – *Bérénice* (60)
Racine – *Britannicus* (108)
Racine – *Phèdre* (39)
Arthur Rimbaud – *Œuvres poétiques* (68)
Stendhal – *Le Rouge et le Noir* (160)
Paul Verlaine – *Poèmes saturniens et Fêtes galantes* (101)
Jules Verne – *Voyage au centre de la Terre* (162)
Voltaire – *Candide* (18)
Voltaire – *L'Ingénu* (85)
Voltaire – Micromégas (117)
Voltaire – *Traité sur la tolérance* (135)
Voltaire – *Zadig* (47)
Émile Zola – *La Fortune des Rougon* (46)
Émile Zola – *Nouvelles naturalistes* (83)
Émile Zola – *Thérèse Raquin* (107)

Pour obtenir plus d'informations, bénéficier d'offres spéciales enseignants ou nous communiquer vos attentes, renseignez-vous sur **www.collection-classico.com** ou envoyez un courriel à **contact.classico@editions-belin.fr**

Cet ouvrage a été composé par Palimpseste à Paris.
Iconographie : Any-Claude Médioni.

Imprimé en Espagne par Novoprint (Barcelone)
Dépôt légal : avril 2014 – N° d'édition : 70118341-09/déc2019